KB152708

아베 신조, 침묵의 가면

ABE SHINZO CHINMOKU NO KAMEN

SONO KETSUMYAKU TO OITACHI NO HIMITSU

아베 신조, 침묵의 가면

정치명문 혈통의 숙명과 성장의 비밀

노가미 다다오키 지음 | **김경철** 옮김

한국어판 간행에 즈음하여

졸저 『아베 신조, 침묵의 가면(安倍晋三沈黙の仮面)』을 한국어로 출판하게 되었다. 문자 그대로 '생각지도 못했던' 일이다. 아베 신조[安倍晋三] 씨의 평전은 맺음말의 첫머리에 언급한 대로 2004년 이후 세 권째다. 이 책은 아베 씨의 언동을 비판하려는 정치적 의도를 담은 책이 아니라 아베 씨에 대한 '인간 연구서'다.

정치 기자 시절에 총무부대신을 비롯해 외무대신, 통산성대신, 그리고 자민당 내에서는 간사장과 정조회장 등의 요직을 도맡았던 아베 씨의 부친 신타로 씨를 오랫동안 담당해 온 필자는 짧은 샐러리맨 생활을 거쳐 신타로 씨의 비서로 변신한 아베 씨와는 필연적으로 공적·사적으로 마주칠 기회가 많았다.

화려한 명문 정치가에서 태어나 성장했다는 혈통적인 장점에 더해, 부드러운 외모와 큰 키에 스마트한 체형을 가진 아베 씨에게서는 '강경'하거나 '책사' 같은 이미지를 느낄 수 없었다. 그런데 신타로 씨의 갑작스러운 서거로 인해 정치가의 대를 이은 아베 씨는 "총리대신이 되면 헌법을 개정하겠다", "집단 자위권 행사는 가능하다", "애국심을 품은 국가로 만들겠다"는 등 소위 강경파적인 발언을 쏟아내기 시작했을 뿐 아니라 '매파(강경파)'라는 지적에도 "매파라고 불려도 상관없다"라며 전혀 개의치 않는 모습을 보였다. 이 때문에 '부잣집 도련님 정치가'로만 보이던 젊은 아베 씨에게 붙은 꼬리표가 '매파의 귀공자'였다. 외모에서부터 느껴지는 '유(柔)'한 이미지와 '강(剛)'한 언동과의 간극은 도대체 어디에서 비롯된 것일까? 추적 취재를 할 만한 가치가 있다고 생각한 것이 필자를 '아베 연구'에 몰두하게 한 동기였다.

한 인물의 사상과 신념을 포함한 인간 형성에는 태어나고 자라온 환경, 특히 감정이 풍부한 유소년기의 경험이 전부라고는 할 수는 없지만 상당히 영향을 미친다. 이에 이론(異論)은 없을 것이다.

아베 씨의 강경파적 언행은 총리에 재취임하면서 두드러졌는데, 1955년에 창당된 자민당이 배출해 온 역대 총리와 비교해도 대단히 돌출적이며 날로 현저화되고 있다. 그런 아베 씨가 전력으로 질주하고 있는 우경화 노선은 국회에서도 "중·참 양원에서 개헌이 가능하도록 3분의 2 의석을 확보해서 헌법을 개정한다"라고 명확한 의지를 표시하기에 이르렀다. 자민당 원로 의원의 말을 빌리자면 "전쟁 포기를 명기한 평화헌법을 벗어던지고 일본을 전쟁이 가능한 나라로 만드는 방향으로 드디어 움직이기 시작했다"는 것이다.

그렇다면 아베 씨의 존재나 그의 '키잡이'가 이웃 국가들의 경계심을 불러일으키는 결과가 되는 것은 필연적인 흐름이다. 그렇지 않아도 아베 씨는 제1차 정권 때부터 '전후 정치의 총결산'을 슬로건으로, 예를 들면 위안부 문제로 사죄를 표명한 '고노 담화'와 '무라야마 담화'의 재검토를 수차례 언급하여 한국과 불필요한 마찰을 일으키기도 했다. 그뿐 아니다. 위안부 문제 외에도 역사 인식 문제, 다케시마(독도) 영토 문제 등 일한 양국 사이에 돋아난 가시를 둘러싸고 오랫동안 긴장 관계가 이어진 것은 잘 알려진 사실이다. 무엇보다 가장 중요한 이웃 나라인 일한 양국의 정상들이 2012년 5월 이후로 2015년 11월까지 3년 6개월이나 얼굴을 마주하지 않은 것 자체가 이상하지 않은가? 외교는 '호양(互讓) 정신'이 있어야만 비로소 제대로 돌아간다. 그런 의미로 다소 늦은 감이 있지만 정상회담 후 2016년 1월에 일한 양국의 현안이었던 위안부 문제 합의가 이루어진 것을 계기로 '일한 신시대'가 열리기를 기대하고 싶다.

졸저의 한국어판 간행은 일한 양국 관계의 새로운 움직임과 겹쳐지는 모양새가 되었다. 아베 내각의 지지율은 지금도 여전히 높게 유지되고 있다. 그렇지만 한편으로 헌법 개정, 원전 문제, 경제, 외교에 이르기까지 대내외 정책에 대한 여론의 견해는 엄격해서 일본 장래를 불안하게 보는 지적도 적지 않다.

한국 내에서도 일본과의 관계가 개선될 조짐을 보이기 시작하면서 한편으로는 아베 씨의 우경화 노선에 한층 강한 경계심을 보이는 견해도 있다고 들었다. 그러나 아베 씨는 "나는 투쟁하는 정치를 멈추지 않겠다"라며, '나의 길'—강경파·우경화 노선을 전환하는 모습은 보이지 않고 있다.

왜 아베 씨는 그렇게까지 완고한가? 무엇 때문에 매파의 문장을 붙인 갑옷을 몸에 두르고 벗으려 하지 않는 것인가? “학창 시절에는 전혀 눈에 띄지 않는 아이였다”는 아베 씨가, 왜 “극우라고 부르고 싶다면 불러라”고까지 ‘변신’하게 된 것인가?

필자는 도쿄 주재의 한국 매스컴 인사나 유학생 들에게 한국에서 아베 씨에 대한 관심이 높다는 이야기를 수차례 들었다. 필자는 아베 씨의 인간 연구를 위해 수많은 관계자를 중층적으로 취재해 왔다. 아베 씨의 사상적 뿌리의 단면이나 인간상을 이해하는 데에 이 책이 조금이라도 도움이 될 수 있기를 바란다. 끝으로 번역을 해준 김경철 씨에게 감사를 표하고 싶다.

2016년 3월 이른 봄에

노가미 다다오키

| 차례 |

2장 유희와 좌절의 학창 시절은 왜 이력에서 삭제되었나?

3장 아버지에 대한 반발과 '결별'

4장 침로 없는 출항

5장 너무 빨랐던 출세의 계단

6장 그리고 의문시되는 '요령'과 '정'

일러두기

- 원서의 부록 <아베 신조 가계도>는 독자의 이해를 돕기 위해 서문 앞으로 옮겼다.
- 본문의 존칭은 생략하며, 일미안보조약이나 일북평양선언 등 외교 협정 및 회담의 명칭은 저자의 표기에 따랐다.
- 인명, 지명 및 조직명은 외래어표기법에 맞추었으나 나가타초, 세이케이대학 등 관용적으로 사용되고 있는 표현에 한해 예외를 두었다.

아베 신조 가계도

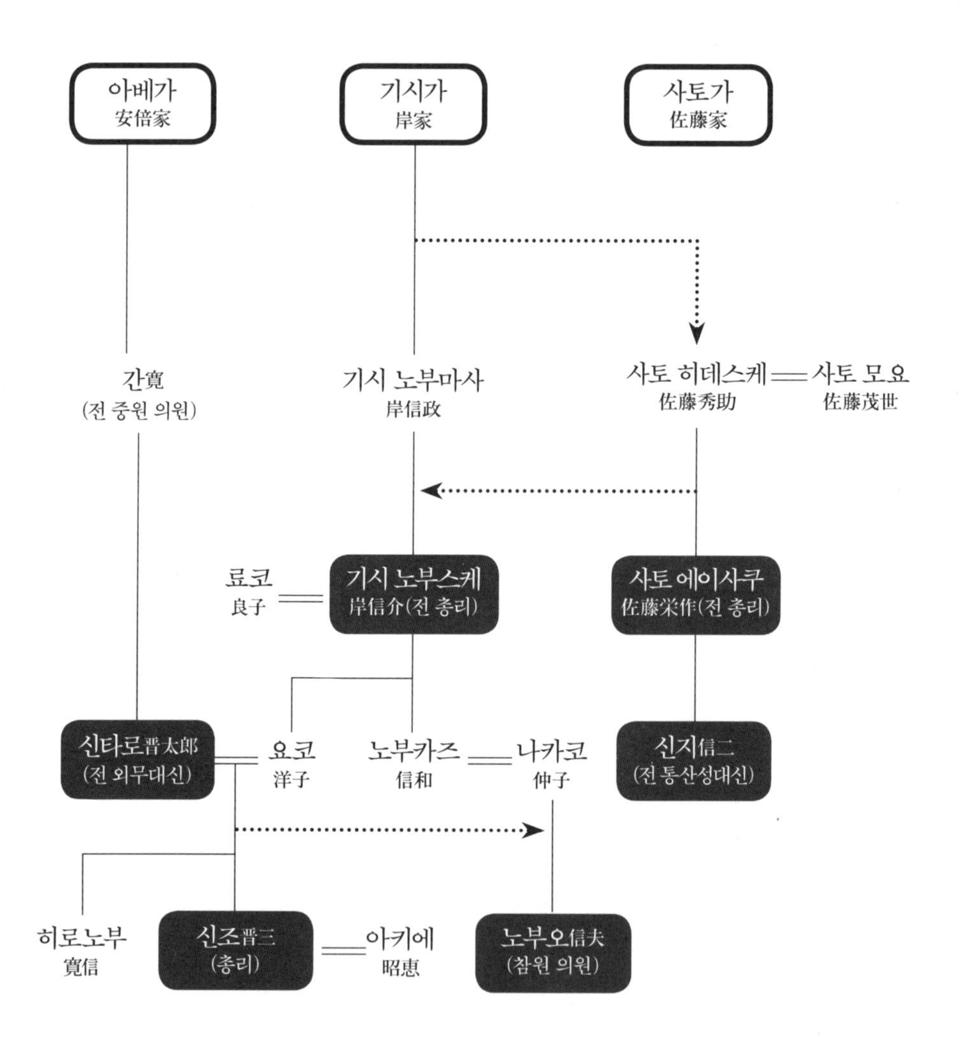
아베가
安倍家
기시가
岸家
사토가
佐藤家
간寛
(전 중원 의원)
기시 노부마사
岸信政
사토 히데스케
佐藤秀助
사토 모요
佐藤茂世
료코
良子
기시 노부스케
岸信介(전 총리)
사토 에이사쿠
佐藤栄作(전 총리)
신타로晋太郎
(전 외무대신)
요코
洋子
노부카즈
信和
나카코
仲子
신지信二
(전 통산성대신)
히로노부
寛信
신조晋三
(총리)
아키에
昭恵
노부오信夫
(참원 의원)
직계
혼인관계
양자

서문

기시 노부스케,
"힘은 쏟아야 한다.
그러나 힘에만 맡겨도 안 된다"

그날, 미 의회에서 단상에 선 아베 신조 총리의 표정은 '역사에 이름을 남겼다'는 만족감에 가득 차 있었다. 2012년 12월, 자민당 역사상 처음으로 총리 재취임을 달성한 아베는 가끔씩 당내에서조차 '독재자'라는 비판이 나올 만큼 강공 드라이브가 눈에 띈다. 예를 들면 의석수의 우위를 배경으로 집단적 자위권 행사의 용인과 헌법 개정에 혈안이 된 그의 모습은 1960년대 안보조약 체결을 단행하고 '쇼와[昭和]의 요괴'라는 별명을 얻었던 외조부인 기시 노부스케[岸信介]와도 겹친다. 그러나 한편으로는 첫 번째 총리 재임 당시, 압박감을 견디지 못하고 지병을 핑계로 총리직을 내팽개친 모습에서 '유리 멘탈 신조—소심한 인물'이라는 월단평(月旦評)도 적지 않다. 인간 아베 신조를 형성하고 있는 뿌리를 파헤쳐보자.

계승되지 못한 '료간'

2015년의 골든 위크(4월 말부터 5월 초에 걸친 일본의 황금연휴 기간-옮긴이) 첫날인 4월 29일, 아베는 일본 총리로서는 외조부인 기시 노부스케, 이케다 하야토[池田勇人] 이후로 반세기 만에 이루어진 미국 의회 연설에서 이렇게 말문을 열었다.

> 1957년 6월, 일본의 총리대신으로 이 연단에 섰던 제 조부 기시 노부스케는 다음과 같은 말로 연설을 시작했습니다. "일본이 세계의 자유주의 국가들과 연대하는 것은 민주주의 원칙과 이상을 확신하기 때문입니다."

아베는 이 연설에서 집단적 자위권 행사를 용인하는 "신안전보장법을 여름까지는 완성하겠습니다"라고 약속했으며, "이 법을 정비함으로써 자위대와 미군의 협력 관계는 강화되고 일미동맹은 더욱 견고해질 것입니다. 그것은 지역의 평화를 위해 확실한 통제력을 발휘할 것입니다"라며 일미동맹 강화를 소리 높여 강조했다.

그 모습은 반세기 전, 동서냉전의 한가운데서 미국을 방문한 기시가 미 의회에서 "국제사회에서 공산주의의 부상"에 경종을 울리며, "일본은 자유세계의 충실한 일원으로서, 특히 자유진영이 국제 공산주의의 도전을 받는 아시아에 대해 건설적인 역할을 다할 것이라고 굳게 믿습니다"라고 주장했던 모습과도 겹친다.

아베의 기시에 대한 사상적 편향을 가장 잘 상징하는 것이 헌법 개정에 대한 강한 집념과 의지다. 필자가 보기에 극단적이기까지 한 집념은, 헌법 개정이 기시로부터의 '정치적 유탁(遺託)'이라고 아베가 믿고 있기 때문인 듯하다. 다음과 같은 기시의 말이 실마리가 된다.

> 내가 복귀한 것은 일본의 재건에 헌법 개정이 얼마나 필요한 일인가를 통감했기 때문입니다. 현재의 헌법은 (미국이) 점령 정책을 실시하기 위해 마련한 것이었습니다. 이러한 사정을 국민에게 충분히 이해시키는 역할은 총리가 담당해야 하는 것입니다. (하라 요시히사[原彬久]의 『기시 노부스케 증언록(岸信介証言録)』 중에서)

이러한 '외조부의 비원'은 기시에게 사랑받으며 자란 손자 아베의 마음 깊숙이 새겨진 듯하다. 앞으로 자세히 살펴보겠지만, 학창 시절 아베를 잘 아는 친구들의 진술은 아주 흥미롭다.

"눈에 띄지 않는 아주 평범한 아이였다", "반에서 존재감이 거의 없었다", "어둡다고 할 수는 없지만 그렇다고 떠드는 일도 거의 없었다", "스스로 존재를 어필한 적이 없었다", "정치가 아들이라거나, 기시의 손자라는 사실을 스스로 밝힌 적이 없다."

아베의 인물상을 탐구하기 위한 취재 중에 들었던 아베의 존재감이 희박했다는 말 중에서 특히 인상에 남는 증언은 다음과 같다. 아베가 세이케이대학교 법학부 정치학과에 재학할 때, 제미(seminar의 일본식 준말로, 세미나 형태의 수업-옮긴이)에서 같은 반이었던 여성에게 취재 의뢰를 했을 때의 일이다. "어머, 저기……"라고 말을 흐린 후에, 그녀는 이렇게 인터뷰를 거절했다. "아베 씨와 같은 제미 수업을 들었던 것은 맞지만, 그에 대해서 아무리 기억해보려 해도 정말 아무런 인상이나 기억에 남는 것이 없네요. 일부러 여기까지 찾아오셔도 정말 드릴 말씀이 없어요. 그러니 죄송하지만 거절하겠습니다."

그러나 존재감 없는 아베도 "이념적인 주제로 이야기가 옮겨가면 도중에 갑자기 말수가 많아지며 결코 물러서지 않는 고집스러움을 보였다. 나도 여러 번 비슷한 장면을 목격했는데, 그 얌전하던 아베가 이런 말까지 하는구나, 하고 놀란 적도 있다"라는 증언처럼, 친구들이 놀랄 정도로 다른 모습을 보였다고 한다.

특히 헌법 이야기가 나오면 사람이 변한 것처럼 격렬한 달변가가 되었다고 한다. 대학 시절 가장 친하게 지내던 동창생은 '그 장면'을 자세히 이야기해 주었다. 아베와 헌법론에 대해 토론하던 때의 일이었다. 흥분한 아베는 큰 소리로 거침없이 떠들었다. "지금의 헌법은 승전국이 패전국에 일방적으로 밀어붙인 거야. 그렇게 생각하지 않나? 아니야? 그 상징이 바로 헌법 9조야! 9조에서 주장하는 것이 일본은 완전히 무장해제 상태로 그냥 있으라는 말 아닌가? 이웃 국가들의 선의에만 의지해 과연 이 나라를 지켜낼 수 있을까? 그런 꿈같은 이야기는 결코 있을 수 없어!"라고 열변을 토하는 아베의 말에서 "할아버지(기시 노부스케)에 대한 깊은 애정을 강하게 느꼈다"라고 말한 이 동창생은 "정치에 대한 그의 정열, 그리고 정치가를 지향하게 된 원점이 바로 그것(헌법 개정)에 있었다고 생각된다"라고 덧붙였다.

실제로 정치가가 된 뒤 아베는 '기시 닮기'를 원했고, 아베의 연설은 기시의 연설 내용을 염두에 두고 다듬었다고 전해진다. 그러나 20년간의 정치부 기자 생활을 포함해서 40년이 넘게 나가타초[永田町](일본 정가-옮긴이)를 지켜보고 취재해 온 필자의 눈에 아베와 기시는 정치, 외교적 사상과 정치 수법에 있어서 큰 차이가 있는 것으로 보인다. 예를 들면 정치력이 그렇다. 기시의 정치 수법은 '료간[両岸]'이라고 불렸다(당시 대립하던 사회당과 자유당에 두터운 인맥을 가지고 있던 기시의 정치력이 중국과 대만의 특수한 관계를 뜻하는 양안과 절묘하게 겹친다-옮긴이). 때로는 밀고 때로는 당길 줄 알며, 저쪽을 높이는가 싶더니 이쪽도 높여준다. 기시는 대립하는 정치 세력에도 두터운 인맥을 구축해 균형과 합의를 도출해 내는 노련한 정치가였다. 그의 빈틈없는 정치력에 대해 비판과 칭찬의 뜻을 동시에 담은 말이 '료간'인데, 기시는 이에 대해 다음과 같이 말했다.

> 한 가지 자세만으로 세상에 대처할 수는 없다. 때와 장소, 사안에 따라서는 어느 쪽에도 치우치지 않는 태도를 취해야 할 때도 있다. 쌍방을

조화시키는 것 외에 방법은 없다. 오로지 한 길만 가려는 단순한 정치가는 성장할 수 없다. (『기시 노부스케 증언록』 중에서)

필자는 기시에게서 '료간'의 일면을 경험한 적이 있다. 자민당 기자클럽에서 후쿠다 다케오[福田赳夫] 전 총리가 이끄는 세와카이[清和会](자민당 당내의 파벌 중 하나-옮긴이)를 담당하면서 친선 골프대회에 참가했는데 후쿠다, 기시와 같은 조가 되어 라운딩할 기회가 있었다. 유명한 '다이하코네[大箱根] 컨트리클럽'의 클럽하우스를 배경으로 후쿠다, 기시와 함께 찍은 사진에는 1979년 8월 2일이라고 기록돼 있다. 크릭(실개천)을 넘어 그린을 노렸던 필자의 팔에 힘이 너무 들어간 탓에 공이 왼쪽으로 크게 벗어나 러프로 떨어졌다. 나보다 40살 이상 연상인 당시 82세의 기시는 내 다음 차례에 보란 듯이 공을 그린에 안착시켰다. 한숨을 내쉬는 필자에게 기시는 "자네 말이야, 골프는 힘으로 치는 게 아니라네"라고 웃으며 말했다. 기시와 일대일로 대화할 기회는 흔치 않았기 때문에 나는 다음 홀로 걸어가면서 농담을 섞어 다음과 같이 받아쳤다.

"하지만 기시 선생님도 1960년 안보조약 때는 꽤 힘을 들이지 않았습니까?(안보조약에 정치 인생을 걸고 총리직에서 사퇴한 일을 비유한 말-옮긴이)"

기시는 이렇게 답했다.

"자네, 그건 말이야, 힘은 쏟지 않으면 안 되는 거야. 하지만 너무 힘으로만 밀어붙여도 일을 그르치게 된다는 생각도 있었어. 그럴 때 힘 조절이 필요한 거라네."

기시가 달성한 안보개정에 대해서는 국회를 둘러싼 맹렬한 반대 시위만이 후세에 기억되는 바람에 강압적이었다는 오해도 있지만, 사실 외교적 측면을 포함하여 종합적으로 배려한 가운데 진행되었으며 강하게 밀어붙이기만 한 것은 아니었다. 일미안보조약을 개정해서 일미동맹을 강화하는 한편, 외교 3원칙 중 하나로 '아시아 중시'를 내걸고 총리로서는 최초로 동남아시아 국가들과 오세아니아를 순방하고 인도네시아, 라오스, 캄보디아, 남베트남과 차례로 배상(전후 보상) 협정을 체결하여 국교를 회복했다. 기시는 총리 퇴임 후에도 한국을 방문해 다음 정권인 이케다 내각의 일한 국교 정상화를 위해 사전 교섭에 힘썼다. 헌법 개정에 관해서도 기시는 그 필요성을 "국민에게 충분히 이해시키는 것"이 총리의 역할이라고 강조했다.

그에 비해 기시를 추앙하는 아베는 지금 어떠한가?

외교 면에서는 중국, 한국과 갈등을 유발하고 있으며, 국내 정치에서는 자민당의 압도적인 '의석수'를 배경으로 강권적인 국회와 정책 운영이 눈에 띈다. 헌법 개정의 정면 돌파가 무리라고 판단되자, 해석 개헌이라는 우회술로 집단적 자위권 행사를 용인하도록 힘으로 밀어붙였다. 기시와는 대조적이다.

노련했던 외조부와 달리 '완고함'과 '위태로움'이 공존하는 아베 신조. 정치가로서의 성장 과정을 도마 위에 올려놓고 인간학적으로 해부하려면 우선 '혈통'과 '성장'을 살펴볼 필요가 있다.

필자는 정치부 기자 시절, 아베의 부친인 아베 신타로[安倍晋太郎]의 담당 기자로 오랫동안 일했다. 아베 평전을 쓰기에 앞서 아베 본인을 비롯해 기시, 아베 양가의 친인척과 관계자, 아베의 어린 시절 친구, 은사, 회사원 시절의 동료, 상사, 그리고 고참 비서와 후원자를 포함해 많은 증인을 심층 취재했으며, 야마구치[山口] 현 유야[油谷] 정(현재의 나가토[長門] 시)에 남아 있는 신타로의 생가와 아베가 유년 시절 여름방학을 보낸 나가토 시 북쪽 해안에 있는 오우미지마[青海島]의 지인 집까지 찾아다녔다.

신타로의 담당 기자 시절 기록한 취재 메모를 비롯해 막대한 증언과 자료를 바탕으로, "극우 군국주의자라고 부르고 싶으면 불러라", "헌법 해석의 최고 책임자는 나다"라는 공언을 서슴지 않는 매파 정치가 아베 신조의 사상과 행동의 뿌리를 밝혀보자.

1장

사랑에 굶주려 '곁에 붙어 잠들고' 싶어 하던 소년 시절

“안보가 뭐야?”

1960년, 도쿄 시부야[渋谷]의 난페이다이[南平台]에 위치한 기시의 저택에는 연일 일미 안보조약 개정에 반대하는 시위대가 모여들었다. 이른바 ‘60년 안보 투쟁’이다.

기시 저택 안에서는 5살배기 아베 신조와 7살인 형이 시위대 흉내를 내며 “앙보(안보) 반대! 앙보 반대!”라고 외치는 모습을 기시가 미소 띤 얼굴로 바라보았다. 이는 아베가 정치의 ‘원(原)체험’이라고 자주 거론하는 에피소드다.

이에 관해, 모친인 요코[洋子]는 “앙보 반대!”를 흉내 내는 신조 형제에게 “안보 반대가 아니라 안보 찬성이라고 해야지”라며 타이르기도 했다고 회상한다.

그러나 순진무구하게 ‘반대’를 외치던 배경에, 한창 어리광 부릴 나이에 부모가 집을 자주 비웠던 가정사가 있었던 점, 어린 마음에 감춰진 외로움이 있었던 것에 대해서는 거의 언급하지 않았다.

그 사람의 인격과 성격, 행동, 사고에는 유년기의 가정환경이 지대한 영향을 끼친다는 것쯤은 굳이 심리학자에게 확인하지 않아도 경험상 알 수 있다. 총리대신 아베 신조의 국회 답변을 보고 있으면, 자기주장이 강하고 야당의 질문에 대해 답변 논조가 맞지 않는 경우가 종종 있다. 사실 이런 행동의 배경에는 아베 본인은 별로 말하고 싶어 하지 않는 유년기의 가정환경이 커다란 그림자를 드리우고 있다.

아베는 《마이니치신문》 정치부 기자였던 아버지 신타로와 기시의 장녀인 요코의 차남으로 1954년 9월에 태어났다. 2살 위의 형 히로노부[寬信](현재 미쓰비시상사패키징 사장)가 친할아버지인 아베 간[安倍寬]과 외할아버지인 기시 노부스케로부터 한 글자씩 따온 이름인 데 비해, 아베는 아버지 이름의 '신[晋]' 자에 차남인데도 '삼(三)' 자를 붙였다.

모친인 요코에게 왜 신조라고 지었는지 물은 적이 있다.

"남편과 저는 모두 딸을 원했는데, 두 번째도 남자아이였어요. 아버지(기시)는 기뻐하셨죠. 신조의 이름에 대해 그 유래를 자주 물어보시는데, 신지[晋二]보다 신조라고 하는 것이 자획이 좋다는 말을 들었고, 남편도 글자가 안정감이 있다며 처음부터 신조로 하자고 해서 그렇게 했습니다."

아베의 탄생은 기시가 권력의 계단을 빠르게 달려 올라가던 시기와 맞물린다. 전시였던 도조 내각에서 상공대신을 역임한 기시는 A급 전범으로 스가모 감옥에 수감되었다. 그 후 기시는 불기소되고 샌프란시스코 강화조약의 발효(1952년)와 함께 공직 추방이 해제되자, 1953년 총선거로 국정에 복귀한다. 신조가 태어난 다음 해(1955년)에 보수연합(자유당과 일본민주당의 합당-옮긴이)에 의해 자유민주당(자민당)이 결성되어 초대 간사장에 취임했다. 그리고 1956년에는 이시바시 내각의 외무대신, 1957년에는 총리로 순식간에 정치의 정점에 올랐다. 아베가 2살 때의 일이다.

기시의 스피드 출세와 더불어 신타로는 정치 기자에서 외무대신 비서관, 총리비서관으로 변신했으며, 1958년에는 총선거에 출마하면서 아베가의 상황은 한순간에 변화, 아니 격변했다.

"보통의 가정 같은 단란함은 없었다. 아버지는 집에 거의 안 계셨기 때문에 아버지가 집에 계시기라도 하면 오히려 어색했을 정도다."

아베는 필자의 인터뷰에서 이렇게 회상한 적이 있다. 총리비서관인 아버지는 거의 매일 심야에 귀가했으며, 휴일에도 일에 몰두해야 했다. 모친인 요코는 남편의 선거 내조를 위해 지역구인 시모노세키[下關]에 머무르는 일이 많았고, 도쿄의 아베 저택에는 어린 히로노부와 신조 형제만이 덩그러니 남겨졌다.

"친구네 가족의 단란한 모습을 보면 정말 부럽다는 생각이 들기도 했다"라며 평범한 가정에 대한 동경을 이야기하던 아베의 모습이 새삼 떠오른다.

아베가의 모든 것을 아는 살아 있는 사전

아베의 '인간 탐구'에 있어서 절대 빼놓을 수 없는 여성이 있다. 부모를 대신해 유모 겸 양육교사로 아베 형제가 성인이 될 때까지 돌봐준 구보 우메[久保ウメ]다.

우메는 아베가의 먼 친척으로, 야마구치 현에 있는 신타로의 생가에서 걸어서 10분 정도 떨어진 지역에서 태어났다. 우메의 조부와 부친이 신타로의 아버지와 친밀한 관계였는 데다 '친절한 할아버지' 간은 어린 우메를 몹시 귀여워해서, "도쿄에 다녀올 때마다 당시에는 귀한 파인애플 등 여러 가지 선물을 가져다주었다"는 등 추억이 많다. 우메는 신타로와 초등학교 동창이면서 어린 시절 친구이기도 하다.

우메는 한때 도쿄의 고지마치[麴町]에 있는 할아버지 집에서 지내다가, 전쟁이 격렬해지면서 아먀구치 현 유야 정에 있는 본가로 다시 내려와 아마구치 현립 후카가와여학교를 다녔다. 이 학교에서 기시의 장남인 노부카즈[信和]의 부인이 되는 나카코[仲子](전 중의원·의원인 다나베 마모루[田辺譲]의 장녀)와 동창이었던 우메는 이 운명적인 만남을 통해 장차 아베, 기시 양가와 깊은 관계를 맺게 된다.

당시에 노부카즈가 우베[宇部]흥산에서 근무하게 되어 나카코 부부는 세토[瀬戸] 내해의 우베[宇部] 시로 옮겨 갔지만, 우메가 "우리 3명 모두 술을 좋아해서 자주 우베 시로 놀러 가서 어울렸다"라고 추억을 떠올리듯 두 여인의 교제는 끊어지지 않았다.

머지않아 노부카즈는 도쿄로 전근을 간다. "시골에 살아봤자 별수 없잖니. 도쿄로 올라오지 그러니?"라는 나카코의 말에 "그럼 잠깐 놀러 가볼까?"라며 가볍게 응대한 우메는 1956년 후반에도 다시 한 번 도쿄로 올라온다. "이때의 가벼운 행동이 내 인생을 결정하리라고는 전혀 생각하지 못했다"라고 우메는 회상했다.

도쿄로 완전히 올라온 우메는 증권회사에 다니며 직장 생활을 했으나, "가만히 있지 못하는 성격이라, 퇴근 후나 쉬는 날에는 시간을 주체할 수 없었다"라고 한다. 그때 나카코에게서 다시 연락이 왔다.

"도쿄에서 혼자 멍하게 지내도 뭐 좋은 일 없지? 넌 글씨를 잘 쓰니까 우리 시아버지 일 좀 도와주지 않을래?"

1956년은 기시가 7표 차이로 자민당 총재 선거에서 역전패의 고배를 마신 후 이시바시 단잔[石橋湛山] 내각에서 외무대신을 맡았으나, 이시바시가 취임 직후에 병으로 쓰러지면서 이듬해에 총리 자리를 물려받게 되는 격동의 해였다. 이런 상황 속에서 우메는 나카코의 권유로 난페이다이에 있는 기시의 사저를 드나들면서 일을 거들기 시작했다. 그리고 얼마 안 있어 아예 난페이다이에서 생활하면서 우메는 기시 앞으로 배달된 진정서 정리나 대필 등 사무적인 잡무를 맡아 처리했다. 우메가 1925년 8월생이니 31세의 일이다.

'대필'이라는 말에 흥미를 느낀 필자가 "예를 들면 어떤 것을?"이라고 질문하자 우메는 쓴웃음을 지으며 이렇게 말했다.

"지역구 분들이나 후원회 인사들은 거물 정치인이나 총리대신의 친필 사인을 갖고 싶어 합니다. 그런데 아저씨(기시)는 그럴 시간이 없으니, 결국 제가 글씨를 좀 쓴다는 이유로 수많은 분들에게 제가 대신 '총리대신 기시 노부스케'라고 사인해서 보내드렸습니다. 지금도 아저씨의 친필 사인인 줄 알고 소중히 가지고 계시는 분들에게는 미안한 일이지만요."

그때 신타로 부부도 롯폰기[六本木]의 저택을 팔고 기시 저택으로 들어왔다. 참고로 당시의 기시 저택은 원래 있던 사저에 이웃하던 여배우 다카미네 미에코[高峰三枝子]의 남편 저택을 빌려 넓힌 것이었다. 신타로는 나이가 비슷한 어린 시절 친구인 우메와의 재회에 기뻐했다.

얼마 후 우메는 바쁜 아베 부부를 대신해 히로노부와 신조 형제의 양육과 교육을 맡게 되었다. 히로노부가 4살 9개월, 아베가 2살 5개월 때였다고 한다.

"제가 아베가에서 일하기 시작한 건 신 짱(아베 신조의 애칭-옮긴이)이 기저귀를 뗄 무렵으로, 집 안을 뒤뚱거리며 돌아다니던 때입니다. 집에 오시는 손님들이 재미 삼아 '도련님, 좀 더 뛰어봐' 하면 신 짱은 신이 나서 달리다가 넘어지기 일쑤였지요."

그때부터 고이즈미 정권 시절까지 아베, 기시 양가에서 40년 이상을 일하며 평생 독신으로 지낸 우메는 '아베가의 모든 것을 아는 살아 있는 사전'으로 불렸다.

필자는 저서 『기골—아베 신조의 DNA(気骨—安倍晋三のDNA)』(2004년 고단샤)의 취재로 2003년 7월부터 8월까지 전함 야마토[大和] 등 제국해군의 함선을 숨겨놓았던 곳으로 유명한 유야 만 바닷가 호텔 등에서 우메와 두 번의 긴 인터뷰를 했고, 아베의 본가를 둘러보고 근처에 있는 신타로의 묘지를 성묘하기도 했다. 그 후에도 여러 번 전화로 이야기를 들었다.

"언젠가 내가 본 기시가와 아베가의 이야기를 책으로 내고 싶다"라고 말한 우메는 80세라고는 생각할 수 없을 정도로 많은 이야기들을 선명하게 기억하고 있었다. 친자식처럼 아베 형제를 키워온 일화가 "머릿속 서랍 안에 일일이 셀 수 없을 만큼 빼곡하게 들어차 있어요"라며 이야기해 준 우메와의 인터뷰 기록을 참고해 이야기를 진행하려 한다.

'울지 않는 신 짱'의 굶주림

"온순하고 조용한 아이"였던 형 히로노부와는 정반대로 "어린 시절의 신조는 집 안뿐 아니라 정원까지 신경 써서 지켜보지 않으면 무슨 일을 저지를지 알 수 없을 만큼 장난을 좋아해 손이 많이 가는 아이였지요. 히로 짱(히로노부의 애칭-옮긴이)의 낚시에 따라가면 낚싯줄이 드리워진 물가를 막대기로 휘저어서 히로 짱을 곤란하게 만들었어요"라고 우메는 진술했다.

우메 역시 장난의 희생자였다. 요코가 결혼 때 가져온 '오래되고 고급스러운 비단 인형'을 꺼내 명절에 장식하면 "신 짱이 몰래 연필로 나인(궁녀-옮긴이) 인형 얼굴에 수염을 그리려고 하는 거예요. '뭐 하는 거니?'라고 물었더니 '아무것도 안 해'라고 하더라고요. 그 아이는 곧잘 '아니야'라든가 '아무것도 안 해'라고 시치미를 떼요. 제 어머니의 유품인 산호와 은으로 만든 머리장식을 몰래 들고 나가서 진흙을 묻혀 오기도 하고…… 이런 장난이 일상다반사였죠."

어리광쟁이인 신조는 '무척 고집이 세고 자존심이 강한 아이'이기도 했다. 목욕을 시킬 때 무릎이 까만 것을 보고 우메가 "넘어졌구나. 아팠지?"라고 물어도 "나 안 넘어졌어. 안 아파"라며 애처로울 정도로 강한 척했다.

신조는 '울지 않는 아이'였다.

기시 저택의 정원에는 꽤 깊은 연못이 있었다. 신조가 5살 무렵, 우메는 히로노부와 함께 연못가에 앉아 책을 읽고 있었다. 그런데 무거운 돌이 연못에 떨어진 것처럼 풍덩 하는 소리가 들려 눈을 돌려보니 신조가 연못에 빠져 있었다. 홀딱 젖은 신조는 우메가 앉아 있는 쪽으로 다가오려고 발버둥을 쳤다.

"이쪽은 깊어서 오면 안 된다고 아무리 말려도, 자꾸 깊은 곳으로 오는 거예요. 마침 정원사가 달려와 다행이었죠. 신 짱은 연못에서 나온 후, 걱정돼서 엉엉 우는 히로 짱을 흘끗 보고 놀라서 멍한 표정을 짓기는 해도 결코 울지 않더군요. 아마 자기가 잘못했다고 생각했기 때문일 거예요. 굳센 아이구나 싶어서 새삼 그 애 얼굴을 자세히 쳐다보았어요."

요코의 부탁으로 우메는 형제의 예절교육에 엄격했다. 낮에 심한 장난을 치기라도 하면 저녁에 목욕을 시킬 때 엄하게 꾸짖거나 엉덩이를 찰싹 때리면서 타이르는 일도 자주 있었지만, 신조는 한 번도 울지 않았다.

"신타로 씨가 첫 번째 선거에 출마한 것은 장남인 히로 짱이 5살 무렵이었으니까 히로 짱은 유년기를 지난 무렵까지 엄마 손에서 자라났죠. 더구나 기시가에서도 첫 손자였으니 어린 마음에도 모든 것이 자기 것이라는 의식이 있었습니다. 반면 신 짱은 2~3살 무렵부터 선거로 바빠진 요코 씨가 직접 키우고 싶어도 그럴 수가 없는 상황이었어요. 그래서 어린 마음에도 포기했다고 할까, 나는 이렇게 하지 않으면 안 된다는 상황 판단이 빠른 면이 있었어요."

'울지 않는 신 짱'은 어린 마음에 항상 바빠 곁에 없는 부모에게 아무리 애정을 구해도 얻을 수 없다는 것을 스스로에게 납득시키려고 했던 것이리라. 굳세 보이는 기질은 풀리지 않는 마음속의 갈등을 반영한 것이 아닐까. 그것은 아베 자신도 필자와의 인터뷰에서 인정했다.

"당연히 평범한 가정에 대한 동경이 있었다. 친구 집에 놀러 가서 친구가 부모들과 스스럼없이 지내는 모습이나 아버지와 친구처럼 노는 모습을 보면 부럽다는 생각이 들었다. 그에 비해 우리 집은 아버지가 거의 안 계시고 어머니도 지역구에 내려가 계실 때가 많았다. 그래서 가끔 아버지가 집에 돌아오시면 어딘지 어색하기까지 했다."

아버지가 집에 있는 것에 대해 어린아이가 위화감을 느낀다는 것은 아직 핵가족화가 진행되지 않은 그 시절에 역시 '평범한' 일이 아니었다. 요코는 이에 대해 "우리 집은 독립 국가의 공동체와 같았다. 모두 알아서 컸다"라고 표현했다.

하지만 아이는 아이일 뿐이다. '울지 않은 군센' 아베도 우메에게는 어리광을 부리고 어부바해 달라며 조르는 아이였다고 한다.

히로노부와 신조를 초등학교와 유치원에 보내는 아침은 우메에게 작은 소동의 연속이었다.

"아침에 정신없이 형의 등교 준비만 돕고 있으면 기다리던 신 짱이 삐쳐버려요. 그렇게 되면 한 발자국도 움직이려 하지 않기 때문에 유치원 가방을 메어주고 버스 정류장까지 업어서 데려갔죠. 업히는 걸 그렇게 좋아했던 것은 부모들이 그렇게 해주길 바랐기 때문일 거예요."

'곁에 붙어 자는 것'도 빼놓을 수 없다. 아베 저택에는 부부의 침실이 2층에, 형제의 침실과 우메의 침실이 1층에 나란히 붙어 있었는데, 신조는 밤만 되면 우메의 이불을 파고들었다.

가끔은 집 밖에서 애정을 갈구하는 일도 있었다. 난페이다이의 기시 저택에서 꽃 장식을 담당하던 소게쓰류[草月流] 화도(華道, 꽃꽂이-옮긴이)의 거장인 I부인이 신조를 무척 귀여워했는데, 신조도 그녀를 많이 따랐다. 그녀는 아베가에서 도보로 10분 정도 떨어진 곳에서 살고 있었는데, 부모님이 집에 없을 때 신조는 "나, 오늘 꽃꽂이 선생님 집에서 자고 올 거야"라며 잠옷을 둘둘 말아 보자기에 싸 들고 I부인 집으로 자주 놀러 갔다. I부인 집에서는 부인과 딸 사이에 아베가 끼어서 '내 천(川)' 자로 잠을 잤다.

"아야! 아파!"

어느 날 밤, 딸이 날카로운 소리를 질렀다. 신조는 양팔로 I부인과 딸의 팔을 꼭 감고 잠드는 버릇이 있었다. 애정을 혼자 독차지하고 싶었던 것인지도 모른다. 당시의 그런 모습을 회상하던 I부인은 "아마 엄마를 떠올렸을 거예요. 그래서 무의식중에 엄마에게 힘껏 매달리듯 딸아이의 팔을 꼬집은 거지요. 우리들에게 매달린 것도 응석을 부리고 싶다는 감정 때문이었을 겁니다."

아베가 '원체험'이라고 말하는 기시 저택에서의 안보 반대 시위에 대한 기억은 그토록 애정에 굶주려 있던 유년기에 새겨진 것이었다.

우메는 난페이다이에 시위대가 몰려왔을 때의 에피소드를 들려줬다.

"그때는 신 짱이 아직 5살이었어요. 엄마는 지역구에서 지내고 아빠는 업무로 바빠서 낮에도 집에는 저와 가정부 아줌마밖에 없었어요. 당시 아베 가족은 아이들에게 위험하다는 이유로 기시 저택에서 나와 다른 곳에 살고 있었는데, 저녁 식사만은 난페이다이(기시 저택)에서 하도록 정해져 있었어요. 신조 형제의 일기를 제가 대신 왼손으로 써주곤 했는데, 일기는 항상 '내각 총리대신이 돌아오셔서 오늘도 난페이다이에서 저녁 식사를 했습니다'로 시작했습니다."

한참 응석을 부리고 싶은 나이의 신조에게 기시 저택에서 할아버지와 저녁 식사하거나 가끔 정원에서 함께 놀아주고 동화책을 읽어주던 자상했던 할아버지와의 기억은 소중하고 단란했다.

그렇다면 'A급 전범', '요괴'로 불렸던 기시를 아베가 "할아버지는 반드시 옳은 분"이라고 절대적으로 신뢰하는 것도, 안보 반대를 외치던 시위대를 '할아버지의 적'이라고 어린 마음에 새겨놓은 것에 대해서도 이해할 수 있다.

아베는 당시의 기시와의 대화를 다음과 같이 회상한다.

"'안보가 뭐야?'라고 물었을 때 '일본을 미국이 지켜주기 위한 조약이란다. 왜 모두들 반대를 하는지 알 수가 없구나'라고 말씀하신 일을 어렴풋이 기억하고 있다."

유모의 이불에 파고드는 중학생

부모의 부재가 명문 정치가 일족의 숙명이라면 어쩔 수 없지만 이후에도 아베의 '양친에 대한 갈망'은 충족된 적이 없었다. 학교에서 아동 심리학을 공부하고 유치원 원장의 경험도 있는 우메는 아베 형제의 숙제를 돌봐주었는데, 세이케이초등학교에 입학하면서부터는 숙제로 일기를 쓰는 것이 의무가 되었다.

여름방학 마지막 날, 형제의 행동은 대조적이었다. 형은 숙제가 안 끝났다고 울상이었지만 신조는 달랐다.

"숙제는 했냐고 물었더니 신 짱은 '응, 다 끝났어!'라고 태평하게 대답했어요. 신 짱이 잠든 후에 검사했는데 노트가 새하얀 거예요. 그런데도 다음 날 아침에 '학교 다녀오겠습니다!'라고 기세 좋게 집을 나서더군요. 그것이 아베 신조였어요. 대단한 배짱이었죠. 하지만 학교에서 무사히 넘어갈 리 만무했죠. 일주일 안에 노트 한 권을 전부 채워 오라는 벌을 받아왔어요. 노트를 전부 채우는 일은 정말 힘들었어요. 제가 왼손으로 쓰다가 팔이 아파오면 그다음엔 신 짱 어머니께서 교대해 쓰셨어요."

우메는 '대단한 배짱'이라고 평가했지만, 아베의 초등학교 동급생들의 증언에 따르면 숙제를 잊어버리거나 지각하는 일이 많아 선생님께 "또 너냐!"고 따끔하게 주의를 들을 때도 아베는 결코 풀이 죽는 일이 없었다고 한다. 우메에게 들은 다음의 에피소드도 기억에 남는다.

"우산을 가지고 학교에 가서 오후에 비가 그치면 히로 짱은 학교에 우산을 두고 돌아오는데, 신 짱은 우산대가 다 꺾여서 쓸 수 없게 된 우산을 들고 와요. 집에 오는 길 내내 우산을 전신주 같은 데 부딪치기 때문에 우산이 엉망진창이 된 거죠. 그래도 '우메 아줌마! 나 우산 가져왔어!'라고 태평하게 말해요. 그런 아이였어요."

어쩌면 어린 신조는 많은 말썽꾸러기 아이들이 그러하듯이, 일부러 숙제를 잊어버리거나 장난을 치는 것으로 우메와 부모의 관심을 끌고 싶었던 것이 아닐까.

초등학교 동급생으로부터 잊을 수 없는 추억 이야기를 들었다. 초등학교 저학년 소풍 때 쓸쓸해 하던 아베의 모습이다.

"우리 반 모두 도시락을 싸 왔는데 아베 혼자만 도시락이 없었습니다. 아베는 '깜빡 했어'라고 아무렇지 않게 말했지만, 모두들 아베가 불쌍하다며 주먹밥이나 과자를 하나씩 덜어주었습니다. 아베네 집은 정치가 집안이라 엄마, 아빠가 무척 바쁘다는 이야기를 들었는데, 그래서 도시락도 못 가져왔구나, 하고 생각했습니다. 그때 아베의 모습이 무척 인상 깊어서 머릿속에서 지워지지 않습니다."

초등학교 고학년이 되자, "히로 짱이 외출 전문이라면 신 짱은 친구들을 집에 데려오는 전문"이라고 우메가 진술한 것처럼, '외로움을 타는' 아베는 많은 친구들을 멋대로 매일 집으로 불러들였다. "친구들이 벗어놓은 신발 때문에 현관은 항상 발 디딜 틈이 없을 정도"였는데, "2층의 큰방을 점령하고 왁자지껄 떠드는 통에 도대체 무슨 일을 벌이는 걸까" 싶어서 우메가 살짝 엿보니 영화감독 놀이가 한창이었다고 한다.

방 한구석에서 아베가 대본 대신 책을 들고 감독처럼 앉아 있었다. 큰 웃음이 터지는 신이었는지, 아베가 "너는 이 장면에서 웃어!"라고 한 친구에게 주문을 한다. 아베의 말이 떨어지기가 무섭게 그 친구가 "하하핫!" 하고 웃자 아베는 "좀 더 큰 소리로 웃어야지!"라고 단호하게 지시한다. 이런 장면이 몇 번씩 반복된 후에 아베의 "컷!"이라는 소리가 기세 좋게 방 안에 울려 퍼졌다. 우메는 "그때 신 짱은 진짜 감독이 된 것처럼 굴었다"라고 회상한다.

아베가 영화광이라는 것은 정계에서는 이미 잘 알려진 사실로, 아베 본인은 "정치가가 아니었으면 영화감독이 되고 싶었다"라고 주변에 말할 정도다. 대본을 손에 들고 자신이 생각하는 이미지로 배우들을 배치해서 자유자재로 움직인다. 납득이 안 되면 몇 번이든지 다시 연기를 시킨다. '자기주의, 자기애가 남보다 배나 강한(우메의 표현)' 아베에게 영화감독은 어울리는 직업이었을지도 모른다. 정치에서는 그것이 때로는 강한 리더십이 되기도 하고, 때로는 독재라고 비판받기도 하지만 말이다.

친구들 앞에서는 태연한 척하던 아베였지만, 밤이 되면 '온기 없는 가정'에서 자란 탓인지 응석받이의 일면이 드러나서 우메의 '곁에서 붙어 자는' 생활이 중학생 때까지 계속되었다.

"밤에는 신 짱을 깨워 소변을 보게 한 후에 방에 데려다주어요. 그리고 내가 일을 마치고 방으로 돌아오면 신 짱이 '여기가 더 따뜻해'라면서 내 이불 속으로 파고들어요. 이런 일은 중학생 때까지 계속되었죠. 어슬렁거리며 내 방으로 들어와서는 '우메 아줌마, 나도 좀 같이 넣어줘'라며 이불로 들어오는 거예요. '넌 이제 중학생이잖니' 하고 타일러도 한동안 계속되었어요. 저는 몸집이 작은 편이라 잠든 신 짱을 안아서 자기 방으로 옮기는 데 애를 먹었죠. 그 애는 그만큼 애정에 굶주렸던 거지요."

아버지와의 갈등

원하면서도 충족되지 않았던 부모의 애정은 부친인 신타로와의 관계에 미묘한 그림자를 드리우게 된다. 아베의 기시에 대한 사상적 편향을 이해하기 위해 놓쳐서는 안 되는 것이 부친인 신타로와의 관계다.

아베에게는 정치적 계보가 기시와 정반대라고 할 수 있는 신타로의 부친(조부) 아베 간이 있다. 기시가 도조 내각에서 상공대신을 역임하면서 전쟁 중에 권력의 중심에 섰던 것과 반대로, 간은 전쟁 중에 치러진 총선거에서 도조 히데키[東条英機]의 전쟁 방침에 반대해 다이세요쿠산카이[大政翼賛会](전쟁 직전인 1940년에 고노에 총리가 모든 정당을 해산하고 1국 1당 체제를 구축하기 위해서 초당파적으로 결집시킨 정치 집단. 전쟁을 독려하는 색채가 강했으며 이곳의 추천을 받지 못하면 국회의원에 당선될 수 없을 정도로 막강한 영향력을 가졌다-옮긴이)의 추천을 받지 못했는데도 당선된 반골 정치가로 알려져 있다.

잘 알려지지 않은 아베의 친할아버지 간의 행적은 무척 흥미롭다. 야마구치 현 유야 정 와타시바[渡場]에서 태어난 그는 34세에 '금권부패 타도'를 외치며 총선거에 출마하지만 낙선한다. 히키무라[日置村]의 촌장과 야마구치 의회에 몸을 담고 권토중래의 기회를 엿보던 그는 결핵이라는 중병에 시달리면서도 9년 후에 치러진 총선거(1937년)에서 설욕에 성공한다. 신타로가 13세의 일이다.

신타로는 예전부터 필자에게 "부친이 정치가가 아니었다면 나도 이 길로 들어서지 않았을 것이다. 부친의 뒷모습을 지켜보면서 남자가 일생을 바쳐야 하는 일이 바로 이것이라고 생각하게 되었고, 언젠가는 나도 같은 길을 가리라고 다짐했다"라고 이야기한 적이 있다. 신타로는 정치가가 된 후 '초지일관(初志一貫)'이라는 휘호를 자주 썼는데 이는 젊은 시절에 첫 선거에서 패배하고 병마에 시달리면서도 이에 굴하지 않고 첫 뜻[初志]을 지켜 꿈을 이뤄낸 간의 모습을 연상시키는 말이기도 하다.

신타로가 결정적으로 정치가의 길로 들어서게 된 계기는 5년 후인 1942년에 치러진 다이세요쿠산카이 선거(제21회 총선거)에서 간이 고군분투한 모습이었다. 당시 일본은 태평양전쟁에 발을 들여놓으며 국민들로 하여금 '나라를 위해서' 멸사봉공하고 전쟁에 협력하도록 강요하던 전시 체제하였다. 전쟁을 지지하지 않는 한 당선은 불가능했다. 이러한 험악한 사회 분위기에서 간은 야마구치 1구의 선거구에서 다이세요쿠산카이의 추천 없이 무소속으로 출마하여, 도조 히데키 등의 군국주의를 날카롭게 비판했다. 군의 총동원령에도 반대하는 등, 거리낌 없이 '전쟁 반대'를 전면에 내세우고 이를 관철시키면서 선거에 임했다. 필자가 담당 기자이던 시절에 신타로에게 들었던 말에 따르면, 선거전 중에 간은 특별고등경찰의 미행을 받는 등 온갖 방법으로 선거운동을 방해받았으며 "당시 중학교 4학년인 나(신타로)도 방과 후에 아버지의 선거 사무실에 들르는 날에는 경찰로부터 꼬치꼬치 질문을 받았다"라고 한다.

그러나 비추천 후보가 대거 탈락한 가운데에서도 간은 '불굴의 정신'으로 꿋꿋하게 선거에 임하여 14,619표를 얻어 4위로 당선되었다. 훗날 다나카 가쿠에이[田中角栄] 전 총리의 체포로까지 발전한 록히드 사건(미국 록히드 사의 항공기 도입을 둘러싼 일본 정계의 뇌물 스캔들-옮긴이)과 정면으로 맞서 싸우면서 '반골'로 이름을 떨친 미키 다케오[三木武夫] 전 총리도 이 선거에서 비추천 후보로 당선된 후, 간과 친분을 맺게 된다.

기시와 간에게는 또 다른 커다란 차이가 있었다. 기시는 유명한 '여과기 철학'으로 정치 자금 의혹을 떨쳐냈다. 기시는 만주국에 파견된 당시부터 측근들에게 "돈은 여과해서 사용하라"라고 가르쳤다고 한다. 그러먼 사건(미국 그러먼 사의 전투기 도입을 둘러싼 뇌물 사건-옮긴이) 등 수많은 정치 자금 사건에 이름이 오르내리면서도 한 번도 법망에 걸리지 않았던 교묘한 자금 조달술은 하나의 '철학'이 되어 일본 정계에 이어져 내려왔다. 반면 간은 '쇼와의 요시다 쇼인[吉田松陰](메이지유신의 정신적 지도자로 추앙받은 조슈 번 출신의 무사. 청렴결백한 성품으로 유명하다-옮긴이)'이라고 불릴 정도로 청빈한 정치가였다. 생전에 신타로는 "우리 부친은 말일세……"라며 다음의 이야기를 들려주었다. "비추천으로 당선된 후에 중앙(다이세요쿠산카이)에서 당시로서는 거금인 3,000엔의 전신환이 송금되었어. 돈이 전혀 없는 데다 힘든 선거를 치른 후였지만, 부친은 비추천으로 당선되었는데 돈을 받을 수는 없다며 굳이 돌려보냈지."

뜻을 굽히지 않는 청렴한 정치가였던 친조부 간은 아베에게 기시 못지않은 자랑스러운 정치 혈통임에 틀림없다. 그러나 유소년기에 '단란하지 못했던 가정'과 마찬가지로 간의 족적이나 업적에 대해 아베는 거의 언급하지 않는다. 아베 가문을 오랫동안 지원해 온 야마구치 현의 한 후원자는 이렇게 말했다.

"신조 씨가 아무리 기시 씨의 혈통을 이어받았다고 해도 어디까지나 아베 가문의 할아버지는 간 씨이며, 그분은 전쟁 중에 도조 히데키에 대항하여 비추천으로 선거를 치른 훌륭한 분이었다. 그런 이야기를 하려 해도 신조 씨는 항상 기시, 기시뿐이다."

간은 신조가 태어나기도 전에 51세의 나이로 타계했기 때문에 신조와 만날 기회가 없었다. 기시에게 느낀 것 같은 친밀감이 없는 존재였던 것은 틀림없다. 그러나 자신과 전혀 관계없는 다카스기 신사쿠[高杉晋作](지금의 야마구치 현에 해당하는 조슈 번의 영웅적 인물-옮긴이)의 묘지를 참배하는 정치적 퍼포먼스까지 보여준 아베가 친할아버지인 간에 대해서 좀처럼 입을 열지 않는 것은 결코 우연이 아니다. 필자에게는 아베가 아버지 신타로에 대한 반발로 '반군부적'이었던 할아버지 간의 족적에는 눈을 감고, 기시에게 쏠리는 경향이 심화된 것이라 생각될 뿐이다.

"난 아빠 뒤를 이을 거야"

신타로는 기시의 후견에 힘입어 정계에서의 지평을 구축해 가면서도, 아들인 신조와는 정반대로 '기시 총리의 사위'라고 불리는 것을 극도로 싫어했다. 신타로가 요코와 결혼(1951년)한 것은 기시의 공직 추방이 해제되기 전의 일로, "나는 총리 딸과 결혼한 것이 아니다. 전범의 딸과 결혼해 준 것이다"라고 말하는 것이 신타로의 입버릇이었으며, "아베 간의 아들이라고 불리는 편이 기쁘다"라고도 말했다.

정치적 소신에 있어서 신타로는 '외교는 독수리, 내정은 비둘기'라는 사고방식이었으며, 안전보장에 대해서도 다소 리버럴한 입장을 취했다. 아들인 신조에게 부족하다고 지적되는 깊은 정과 균형 감각도 지니고 있었다. 총리인 오히라 마사요시[大平正芳]가 1980년 참의원[參議院](양원으로 구성된 일본 국회에서 상원에 해당하지만 중의원에 비해 권한이 제한적이다. 참의원을 구성하는 참원 의원은 임기가 6년으로, 3년마다 절반이 선거에 의해 교체되며 임기 중 해산되지 않는다-옮긴이) 선거의 가두연설 도중에 쓰러져 서거하기 직전, 입원한 병원에서 최측근 의원에게 "신타로 군의 밸런스 감각은 자민당에게 귀중한 자산이네. 신타로 군을 잘 부탁하네"라고 유언을 남긴 에피소드가 무엇보다 이를 증명한다.

정치가에게 없어서는 안 될 자질이라 여겨지는 신타로의 이러한 기질은 시가[滋賀] 해군항공대 예비 학생 시절에 특수부대를 지원했으나 출격 직전에 종전을 맞았던 체험에 깊게 뿌리 내리고 있다. 구제 제6고등학교에서 도쿄제국대학으로 진학한 신타로는 1944년 10월, 제15기 예비 학생으로 비와[琵琶] 호수에 위치한 시가해군항공대에 입대한다. 잘 알려진 바와 같이, 메이지시대부터 다이쇼시대에 걸쳐 일본 육군의 중핵 간부는 조슈[長州](지금의 야마구치 현-옮긴이) 출신이 실권을 쥐고 있었다. 야마가타 아리토모[山県有朋], 가쓰라 다로[桂太郎], 데라우치 마사타케[寺内正毅], 다나카 기이치[田中義一] 등 육군—조슈라고 하는 공식이 정착되어 있었다. 그런데 조슈 출신인 신타로가 왜 육군이 아닌 해군에 지원했는지 흥미를 가지고 있던 필자는 담당 기자 시절 그에게 물어본 적이 있다.

"아버지의 삶을 보았고, 나에게는 그 정도의 군인 정신이 없다고 생각했다. 그래도 전쟁터에서 살아 돌아올 수 없다면 육군으로 무의미한 죽음을 맞는 것보다 특공대로서 화려하게 죽는 편이 좋겠다는 생각에 해군항공대를 선택했다."

1945년 봄을 맞이할 즈음, 신타로는 특공대에 지원했다. 그날 "부모님께 작별 인사를 하고 오라"는 상관의 말에 입대 후 처음으로 고향에 내려온 신타로는 병상의 아버지와 밤새도록 이야기를 나눴다. 간은 작별 인사 때 "무모한 죽음만은 선택하지 말라"라는 말을 불쑥 내던졌다. 그러나 신타로는 "이것으로 이제 아무런 미련이 없다"라며 죽음을 각오하고 있었다.

그 후 7월에 실전부대로 배속 명령을 받은 신타로는 요코스카[横須賀] 진수부(鎮守府)를 거쳐 나고야[名古屋] 항공대에서 특공 육지전 소대장으로서 특공 훈련을 받았으나, 출격을 기다리던 중에 종전을 맞게 되었다. "종전이 조금만 늦었어도 나는 특공대로 출격해서 목숨을 잃었을 것이다. 평화는 소중한 것이기에 귀중히 여겨야 한다." 신타로 본인에게 들었던 탓에 지금 더욱 선명하게 생각나는 말이지만, 죽음과 직면했던 군대 생활(전쟁 체험)이 있었기 때문에 신타로는 평화에 대해 강렬한 감정을 가지고 있었던 것이다. 덧붙이자면 특공대 지원 후에 친구들로부터 "우리를 기다리고 있는 것은 죽음이지만, 만일 살아서 돌아온다면 너는 무엇을 하고 싶은가?"라는 질문을 받은 신타로는 "나? 역시 정치겠지. 정치가가 될 거야!"라고 확신에 찬 어조로 대답했다고 한다.

신타로는 태어나서 바로 부모의 이혼으로 어머니와 헤어졌고, 종전 직후인 22살 때에는 아버지 간을 잃었다. 한때는 헤어진 어머니를 찾아 신주쿠 역 주변을 맴돌기도 했다. 신조와 마찬가지로 신타로도 '가족의 맛'을 알지 못했던 것이다. 그 때문일까? 신타로는 자식들에 대한 애정 표현이 서툴렀다. 우메는 "아빠가 신 짱을 안아주는 모습을 거의 본 적이 없다"라고 기억을 더듬었으며, 고참 비서 역시 "신타로 씨가 아들들의 수업에 참관한 기억이 없다"라고 말했다. 아베 자신도 "아버지는 웬만해서는 화를 내지 않는 온화한 사람이라고 알려져 있지만, 사실은 엄격함과 불같은 성격을 지닌 '강철' 같은 사람이었다. 가족에 대한 애정 표현도 극단적으로 서툰 사람이었다"라고 회상했다.

그렇지만 어린 시절의 신조는 모든 어린이들이 그러하듯 어떡해서든 아버지를 기쁘게 해주려고 했다. 우메는 다음과 같이 회상한다.

"유치원 때쯤, 신 짱이 사탕을 입에 문 채로 '나 커서 아빠 뒤를 이을 거야'라며 정치를 계승하겠다고 말을 꺼냈어요. 세 살 버릇 여든까지 간다고, 어린 마음에도 아빠가 열심히 하는 모습을 지켜보면서 자기도 언젠가는 아빠처럼 되겠다고 생각한 거지요."

아베가 9살 때, 신타로가 3선 고지에서 낙선의 고배를 마셨다. 그리고 다시 설욕하기까지 3년 반 동안 신타로는 지역구에서 살다시피 했으며 모친 역시 한 달에 반 이상 집을 비웠다. 부모의 애정이 필요한 초등학교 저학년 무렵이었다. 소풍 가는 버스 안에서 노래자랑이 열려 마이크가 신조에게 돌아왔을 때 신조는 친구들을 놀라게 했다. "저는 아베 신타로의 아들입니다! 여러분, 아베 신타로를 잘 부탁드립니다!" 평소에 말수가 없고 정치가의 아들이라는 사실을 전혀 내색하지 않았던 아베가 친구들 앞에서 최선을 다해 아버지를 위한 선거 연설을 한 것이다.

그러나 아버지는 아들들과 마주칠 기회조차 거의 없었고, 부자의 마음은 점차로 멀어졌다. "가끔 신타로 씨가 집에 있으면 신 짱 형제들은 깜짝 놀라며 '와, 오늘은 아빠가 있네!'라고 소곤거려요. 도깨비도 아닌데 터무니없는 것을 본 것 같은 얼굴을 하곤 말이에요"라는 우메의 진술을 통해 당시의 아베의 마음 상태를 엿볼 수 있다. 아베가에 오래 살았던 관계자들에 의하면 아베의 마음이 아버지에게 전달되지 않은 것은 아니었다.

"신타로 씨는 애정 표현이 서툴렀지만, 장남인 히로노부 군보다 신조 군을 더 귀여워했던 것 같아요. 신조 군이 정치를 물려받겠다고 해서 일부러 엄격하게 대했을 뿐이죠. 반대로 요코 씨는 큰아들인 히로노부 군을 더 예뻐했어요. 그런데 히로노부 군은 아버지의 애정을, 신조 군은 엄마의 애정을 갈구하는 듯해서 엇갈린다는 인상을 받았어요."

아버지와는 대조적으로 아베 형제에게 스스럼없이 애정을 쏟아부은 존재가 기시였다. 기시는 정치가의 대를 잇겠다는 신조의 말에 무척 기뻐했으며, 초등학교 운동회에 몰래 응원을 가기도 했다.

"기시 씨는 넓은 운동장의 가장 먼 구석에 몰래 앉아 아이들을 보셨어요. 그래도 아이들에게는 기시 총리가 왔다고 금방 알려졌죠(초등학교 시절 은사)."

어린 아베는 요코의 말대로 언제나 웃으면서 잠자코 지켜보는 기시의 모습에서 "할아버지는 나를 사랑하고 있구나"라는 든든함을 느낀 것은 아닐까. 그러나 기시가 항상 웃음 띤 얼굴의 '자상한 할아버지'로만 있었던 것은 아니다. "부모가 거의 집에 없었기 때문에 기시 씨는 자신이 부모를 대신해야 한다는 생각이 있었던 것 같았다"라는 우메의 증언처럼, 기시는 예절 교육에 엄격했다. 다음은 형 히로노부의 회상이다.

"어렸을 때 나쁜 짓을 하면, 즉 물건을 망가트리거나 어른들 말을 듣지 않을 때에는 할아버지가 아주 무서운 얼굴을 하고 우리를 밖으로 끌고 나와서 정원에 있는 창고에서 반성하도록 했다. 그렇게 긴 시간은 아니었지만, 쿵 하는 둔탁한 소리와 함께 두꺼운 창고 문이 닫히면 칠흑같이 어두워서 보통 무서운 게 아니었다. 신조도 마찬가지였다."

그렇지만 부모의 애정에 굶주렸던 아베에게 기시는 부족한 애정을 충족시켜주는 자상한 할아버지였을 것이다. 어딘가 일그러진 듯하면서도 절묘한 균형 위에 서 있던 가족 관계에 큰 변화가 생겨난 것은 동생의 출생이었다.

"난 네 형이라고!"

'기시가'와 '아베가'라고 하는 명문 정치 가문의 혈통을 계승한 아베의 인격 형성에 영향을 준 가정환경을 논할 때 빼놓을 수 없는 것이 5살 아래의 현 중의원[衆議院](중의원은 일본 국회에서 하원에 해당하지만 '총리 지명', '조약 승인', '예산 의결' 등에 있어 우선권을 갖는 등 실질적으로 참의원보다 우월한 권한을 가진다. 일본의 총선거는 중의원 선거를 의미하며, 중의원을 구성하는 중원 의원은 4년의 임기 중 국회 해산에 의해 종료되는 경우가 많다-옮긴이) 의원인 기시 노부오[岸信夫]의 존재와 그와의 관계다. 아베는 태어나자마자 양자로 보내져 기시 가문을 이은 노부오에 대해 복잡한 감정을 품고 있다. 관계자와의 취재를 거듭할수록 이러한 느낌을 지울 수 없었다.

노부오는 기시가 총리였던 1959년 4월에 신타로와 요코 부부의 3남으로 태어났다. '세 번째도 아들이면 양자로 주겠다'고 한 기시 가문과의 약속대로 노부오는 기시 집안의 양자가 되었다. 요코의 오빠인 노부카즈와 나카코 부인 사이에 자식이 없었고, 노부카즈는 병약해서 가업인 정치를 계승할 수 없는 사정에 따른 양자 결연이었다.

"노부오는 할아버지 집에 가서 맛있는 것도 많이 먹고 뭐든지 사치스러워. 그래서 저렇게 살이 찐 거야." 아베가와 기시가에서 오래 일한 관계자는 소년 시절의 신조가 이렇게 투정하는 것을 들었다고 증언한다. 그리고 그 속마음에 대해 다음과 같이 추정한다.

"장남인 히로 짱은 아베 가문의 뒤를 이을 것이고, 기시 총리의 가문은 동생인 노부오가 계승하게 되는 걸 알게 된 어린 마음에 시샘이 생기지 않았을까요?"

아들이 많은 경우는 양자로 보낸다. 서민들로서는 도저히 공감할 수 없는 명문 일족의 '규칙'은 사실 기시 노부스케의 생모 사토 모요[佐藤茂世]가 결혼할 때에도 맺은 전례가 있었다. 모요는 결혼 전 약속대로 차남인 노부스케를 기시가에, 3남인 에이사쿠(전 총리)를 사토 본가에 양자로 보냈고, 이것이 지금의 기시와 아베가 번영의 기초가 되었다.

노부오의 양자 입적을 논의하기 위해 열린 친족 회의에 대해 잘 알고 있는 인물의 증언에 따르면 기시의 친동생으로 당시 대장성 대신(재무장관-옮긴이)이던 사토 에이사쿠[佐藤栄作]가 "신타로, 진짜 괜찮은 거지?"라고 재차 확인하자, 신타로가 "딸이었으면 절대 안 드렸을 겁니다"라는 말로 승낙했다고 한다. 노부오는 태어난 병원에서 그대로 기시가에 입양되어 두 형들과는 떨어져서 자라게 되었다.

출생의 비밀은 본인에게 비밀로 했지만, 자라면서 "왠지 주위와 이야기하면서 위화감을 느끼기도 하고, 뭔가 이상하다고 느끼게 되었다"라고 기억하는 노부오에게 언제 진실을 명확히 알았고 그때 마음은 어떠했는지 물어본 적이 있다.

"진실을 알게 된 건 게이오대학 진학을 위해 호적등본을 뗐을 때였다. 등본에 '양자'라고 기입돼 있었다. 처음 본 순간에는 '어? 이게 뭐지? 호적에는 장남이 아니라 양자라고 쓰는 건가?' 하는 등의 여러 가지 생각으로 혼란스러웠다. 그렇지만 양자의 의미는 아무리 생각해도 한 가지뿐이었다. 그때의 쇼크는 정말 엄청났다. 그로부터 한 달 정도는 왜 알려주지 않았을까 등의 생각들로 머릿속이 가득 차서 일종의 착란 상태까지 갔다."

그러나 패닉 상태는 오래가지 않았다. "생모에게는 고모라고 하고 양어머니를 엄마라고 불러야 하는 것에 위화감도 있었지만, 왜 히로노부나 신조가 아니라 나였는지에 대한 원망은 없었다. 굳이 따진다고 해서 달라지는 것도 없기 때문이다. 오히려 위화감 없이 나와 함께 놀아준 두 형들에게 감사했다." 그리고 "아베가보다 기시가 쪽이 음식이니 뭐니 많았고"라는 농담을 덧붙였다.

노부오를 양자로 보내는 것에 대해 가장 반발했던 사람은 아직 5살도 채 안 된 아베였다. "드디어 나한테도 동생이 생겼어"라고 기뻐하던 아베는 불만을 감추지 않았다. "왜 그래야 돼?"라며 엄마에게 매달리는 통에 요코를 곤란하게 만들었고 "노부오가 크면 '내가 네 형이야'라고 꼭 말할 거야!"라며 저항하기도 했다고 한다.

"신타로 씨도 정말 그렇게 되면 곤란하겠다고 생각했는지 신 짱을 호되게 나무랐다(아베가 관계자)."

아베는 동생에게 '출생의 비밀'을 폭로하지는 않았지만, 기시의 애정이 차츰 친손자인 노부오 쪽으로 쏠리는 미묘한 변화를 느꼈는지도 모른다. 실제로 노부오가 태어나면서 난페이다이의 저택에서는 할아버지의 애정을 동생에게 빼앗겼다고 생각해도 이상하지 않을 풍경들이 보였다.

아베의 외조부에 대한 잊을 수 없는 추억이 '말타기'다. 기시 저택이 안보 반대를 주장하는 시위대에 포위되어 외출이 자유롭지 못하게 되었을 때 기시는 자주 히로노부와 신조 형제에게 '놀러 오라'고 불렀다. "할아버지는 술래잡기를 하거나 말타기 놀이를 하면서 나를 등에 태워주셨다." 이 역시 잘 알려진 에피소드로, 당대 총리의 등에 탄 어린 아베와 웃음을 머금고 말 역할을 하는 할아버지 기시의 모습이 눈에 선하다. 요코도 아들들과 노는 기시의 모습을 "스트레스 해소라고 할까, 아버지는 정말 즐거워하셨다"라고 회상한다.

그러나 노부오가 뒤뚱거리며 걸음마를 시작하고 아베가 유치원에 다니기 시작하던 무렵, 아베는 '기수' 자리를 동생에게 빼앗겨버렸다. "기시 씨가 귀가하면 2살도 채 안 된 노부 짱이 제일 먼저 달려 나와 마중을 합니다. 노부 짱이 '말타기, 말타기!'라고 재촉하면 기시 씨는 바로 말이 되어 힝힝 거리면서 노부 짱과 놀아주었습니다(기시가 관계자)."

아베는 당시의 동생에 대한 복잡한 마음을 농담 섞어 말한 적이 있다.

"할아버지는 압도적으로 노부오를 귀여워했다. 전에는 내 차지였는데. 노부오만 너무 귀여워하시니까 내가 프로레슬링 놀이인 척하며 노부오를 꽤 괴롭혔다."

아베가 주위 사람들에게 "난, 아빠 뒤를 이을 거야"라고 선언한 것이 바로 이 무렵이다. '아베가 계승자'인 형과 '기시가의 계승자'인 동생 사이에 끼어서 아베가 부모와 할아버지에게 자신의 존재를 있는 힘껏 어필하려는 마음이 정치를 계승하겠다는 말로 표현된 것이 아닐까?

2장

유희와 좌절의 학창 시절은 왜 이력에서 삭제되었나?

어린 시절에 새겨진 '할아버지는 옳다'는 생각과 거의 집에 없었던 부친에 대한 복잡한 감정의 틈새에서 자란 아베 신조에게는 라이벌로서 형과 동생이 있었다. '가문을 계승한다'는 명문 정치가 혈족의 숙명은 장차 정치가를 지향하고 있던 아베에게 적지 않은 영향을 끼쳤다.

"신조, 넌 고집이 세!"

아베가 '아빠 뒤를 잇겠다'는 말로 주위를 기쁘게 했지만, 그 앞에는 항상 아베가의 장남인 히로노부의 존재가 있었다. 필자가 히로노부에게 후계자라고 의식한 적이 있는지 물었을 때, 그는 이렇게 대답했다.

"야마구치에는 전통적인 사고방식이 꽤 많이 남아 있어서 '장남이니 정치가가 되겠지요'라는 이야기를 자주 들었다. 어린 시절부터 정치는 하기 싫다고 생각했지만, 한편으로는 장남으로서 계승해야 한다는 책임감 비슷한 감정도 가지고 있었다."

형제는 많든 적든 서로 비교당하면서 자라는 것이 세상의 상식이다. 정치가 가문이라면 더욱 그러할 것이다. 형제의 양육을 담당했던 우메는 "형제의 성격이나 행동이 너무 달라 초등학교에 올라가면서는 같이 노는 일이 거의 없었다"라면서 형제의 차이점을 다음과 같이 들려준다.

"히로 짱은 '외출 전문'에 낚시를 좋아해 친구들과 바깥으로 자주 놀러 나갔고, 신 짱은 '불러들이기 전문'으로 친구들을 집으로 데려와 함께 자는 일도 많아서 항상 가정부에게 '밥을 넉넉하게 해달라'라고 부탁하곤 했다."

아베가 집으로 데려온 친구들과 영화감독 놀이를 하면서 즐거워했던 에피소드는 앞에서 소개했다. '골목대장' 타입의 아베가 형과 같이 놀지 않게 된 것은 2살 위 형에게 대장 노릇을 할 수 없었기 때문일지도 모른다.

두 형제의 성격이 얼마나 다른지 보여주는 사건이 초등학교 시절에 일어났다. 우메가 숨겨진 이야기를 들려주었다.

"아직 신 짱이 초등학교에 올라가기 전으로 기억하고 있는데, 그날은 보기 드물게 아빠(신타로)가 집에 있었던 날로, 사건은 그날 아침 거실에서 일어났습니다." 물건이 없어진 것을 발견한 신타로가 거실에 모여 있던 신조, 히로노부, 요코, 우메 앞에서 노여움 가득한 목소리로 히로노부를 향해 소리쳤다. "왜 도둑질을 했어? 네가 한 짓이냐? 잘못했다고 해!" 히로노부는 처음 듣는 아버지의 노여움 가득한 음성에 울상이 된 얼굴로 "죄송합니다"라고 일단 사과했지만, 그로서는 금시초문의 일이었다. 어리둥절해하는 히로노부의 모습을 보고 신타로는 신조를 향해 "그럼 네가 한 짓이냐?"라고 고함쳤다. 그러자 신조 역시 억울한 빛이 역력한 얼굴로 볼을 잔뜩 부풀린 채 아빠를 노려보면서 부자간의 기싸움이 시작되었다. "성미 급한 아빠가 잘도 참았다"라고 우메는 진술했으나 두 부자의 기싸움은 반나절이나 이어졌다고 한다. 큰일이다 싶었던 우메가 나서려던 참에, 신타로가 "신조, 넌 고집이 세!"라며 백기를 들었다. 신조는 아무리 아버지라고 해도 누명을 쓰는 일만은 참을 수 없었던 것이다. 우메는 부자의 기싸움을 보며 생각했다.

"초등학교도 안 들어간 아이가 아버지를 상대로 얼굴을 풍선처럼 부풀리고는 끝까지 잘못했다는 말을 하지 않는 모습을 보며 정말 배짱이 대단한 아이라고 생각했어요."

우메는 이런 말도 했다.

"아빠와 싸우면서도 끝까지 물러서지 않은 모습이 지금도 머릿속에 남아 있기 때문에, 정치가가 된 그 아이(신조)가 자신이 하고 싶은 일에서 물러서지 않고 생각이 다르거나 잘못이라고 생각하는 일에 일절 타협하지 않은 기질은 언제든 튀어나올 것이라고 생각하고 있답니다. 하지만 뭐든지 고집을 내세우는 것은 좋지 않겠죠. 끝까지 버티는 만큼 그만큼 반동도 엄청날 것이라는 각오를 해야 할 겁니다. 나는 그 아이가 일단 한발 물러선 후에 공격하는 방법을 몸에 익힌다면 더욱 큰 정치가가 될 수 있을 거라 생각합니다."

자민당 원로의 말처럼 "독재자 같은 언행이 눈에 띈다"는 아베는 우메의 말을 어떻게 받아들일까?

완고한 소년이었던 아베는 가족 이외의 사람들에게 어떻게 비춰졌을까?

당시 도쿄대학 고마바 캠퍼스에서 가까운 이노카시라[井の頭] 선 이케노우에[池ノ上] 역 근처에 있었던 아베가에서는 형제가 초등학생

일 때부터 도쿄대학 학생들을 가정교사로 붙였다. 현재 자민당 중원 의원인 히라사와 가쓰에이[平沢勝栄]도 그중 한 명이다. 1964년에 도쿄대학 법학부에 입학한 히라사와는 일본타바코산업 사장을 역임했던 혼다 가쓰히코[本田勝彦]의 후임으로, 초등학교 5학년인 히로노부와 초등학교 3학년인 신조의 가정교사로서 2년 남짓한 기간 동안 아베가를 드나들었다. "아베가는 고마바 기숙사와 가까웠고 당시 주 2회 6,000엔이 보통이었는데 주 3회 9,000엔이라는 좋은 조건의 가정교사 모집 광고에 마음을 빼앗겼다"라고 회상한다.

"당시에는 학생운동이 한창이던 시절로, 고마바 기숙사는 좌파들의 보금자리 같은 장소였다. 나 역시도 학생운동에 참가했는데, 면접에서 사상적인 면을 포함해 이것저것 확인하면 떨어지지 않을까 싶었다"라고 한다. 그러나 신타로는 면접에서 신원 조사를 포함해 아무것도 확인하지 않았고, 갑자기 "'잘 부탁하네'라면서 대단히 너그럽게 채용을 결정해 주어 내가 매우 놀랐을 정도였다"라고 한다.

그때 히라사와가 신타로에게 부탁받은 것은 "나는 거의 집에 없으니까 공부도 좋지만 아이들이 여러 경험을 할 수 있도록 도와달라"라는 말이었다. 아베가 유소년기에 단란하지 못한 가정에서 자란 사실에 대해서는 누누이 소개해 왔다. 히라사와도 신타로의 '거의 집에 없다'는 말을 금방 실감한다. 1963년 중의원 선거에서 '방심과 부주의로' 그만 3선 고지에서 낙선의 고배를 마신 후, 재기를 위해 죽을 각오로 지역구를 뛰어다니던 시기였기 때문이다. "모친(요코)도 남편의 선거를 돕기 위해 지역구에서 살다시피 하는 바람에 한 달에 한 번꼴로 마주칠 정도였다. 그런 의미에서는 마음이 편했지만, 아직 어린 두 형제가 외로움을 느끼지 않도록 신경을 많이 써야 했다(히라사와).”

실제로 히라사와는 신타로의 ‘주문’에 충실해서 아베의 캐치볼 상대가 되어주거나 영화관에 데려가는 등 과외 수업에 힘을 쏟는 일도 잊지 않았다. 1965년 여름방학 때는 아베 형제를 데리고 갓쇼즈쿠리[合掌造り](억새로 엮어 만든 지붕의 형태가 합장할 때 손의 모양과 유사하다고 해서 붙어진 일본 전통주택의 건축 양식-옮긴이)로 잘 알려져 유네스코 세계문화유산에도 등재된 자신의 고향 시라카와고[白川鄕]까지 여행을 갔다. 근방의 ‘히다[飛驒](지금의 기후 현-옮긴이)의 작은 교토’라고 불리는 다카야마[高山]와 구조오도리[郡上踊り](일본의 3대 추석 민속춤의 하나로 중요무형문화재다-옮긴이)로 들썩거리는 구조하치만[郡上八幡]까지 두루 다니며 “메기 낚시도 하고 잡은 고기를 구워 먹는 등 일주일 정도 시골생활을 실컷 즐기게 해주었고, 형제들도 무척 즐거워했다”라고 한다.

참고로 히라사와의 생가이자 모친의 본가는 미보로 댐 건설에 따라 해체된 후 기후[岐阜] 현 시모후로[下風呂] 온천에 있는 ‘갓쇼무라[合掌村]’로 옮겨져, ‘국가 지정 중요유형민속문화재-규오도야[旧大戶家] 주택’으로서 현재까지 보존·공개되고 있다.

히라사와는 이렇게 회상한다.

“두 형제의 전 과목 공부를 봐주었는데, 가르치기 쉬운 쪽은 형인 히로노부 씨였다. 아주 성실해서 가르친 걸 잘 따라 하는 타입이었다. 어떤 의미에서는 절대로 적을 만들지 않는 타입이다. 반면 신조 씨는 솔직했지만 자신의 생각을 꺾지 않는 면이 있어서 조금이라도 납득이 안 되는 것이 있으면 끊임없이 질문을 해대는 쪽이었다. 솔직히 곤란한 적이 여러 번 있었다. 다만 정치가에 어울리는 쪽은 히로노부 씨가 아니고 신조 씨 쪽이라고 생각했다."

곤란했다는 경험은 어떤 것이었을까?

"예를 들자면 끝이 없지만 가장 곤란했던 것은 '아인슈타인의 상대성이론이 뭐야?'라는 질문을 받았을 때다. 나도 전혀 모르는 걸 초등학생이 질문하자 말문이 막혔다. 하늘은 왜 파란가, 인간은 죽으면 어떻게 되는가 등, 정말 다양한 질문을 받았다. 죽으면 어떻게 되는지는 오히려 내가 알고 싶었으니까(웃음). 아무튼 신조 씨는 호기심이 왕성한 소년이었다."

앞에서 소년 시절의 아베가 기시 저택을 둘러싼 안보 반대 시위대에 반발심을 갖게 된 에피소드는 이미 소개했다. 히라사와는 두 형제를 도쿄대 캠퍼스에서 열린 고마바 축제에 데려갔을 때 그 일면을 보았다.

"당시는 사토 내각 시절로 학생운동이 활발한 시기였다. 교내의 전시물과 간판들도 반(反)사토 일색이었다. 사토 총리가 기시의 친동생이라는 걸 알고 있는 신조는 여기저기 붙어 있는 패널들을 보면서 '왜 이런 말을 하는 거야?'라며 강하게 반발했다."

베트남전쟁을 비롯해 일한기본조약, 미 원자력 잠수함의 요코스카 기항 등에 반대하는 집회와 시위가 빈번하게 일어나던 시절의 도쿄대학 축제가 '반사토' 일색으로 도배되었음은 쉽게 상상할 수 있다. 신조가 그곳에서 '할아버지의 적', '우리 일족의 적'을 느끼고 반발심을 가지게 된 것은 거의 틀림없을 것이다.

히라사와도 아베로부터 "난페이다이의 할아버지 집에 가면 시위대가 가득 몰려들어서 아주 무서웠다"라는 말을 자주 들었다고 진술했다. 형 히로노부에 따르면 '손자를 유괴하겠다'는 협박장까지 배달되어 학교에서 돌아오는 길은 경찰 관계자의 호위를 받는 등 긴장감이 가득했다고 한다.

소년기에 체험한 공포와 적의로 인해 '경애하는 할아버지'의 존재와 업적에 대한 비난을 들으면 사납게 돌변하는 청년이 되어버린 것이리라.

'좌파' 교사에 대한 반발

고교 시절 이런 일화가 있었다. 1970년 아베가 고등학교 1학년 시절, 1960년의 기시 내각에 의해서 개정된 일미안보조약이 10년 후 자동연장 시기를 맞이했다. 그해 전후는 안보 파기를 요구하는 학생들에 의한 1970년 '안보 반대 투쟁' 외에도 도쿄대학교의 야스다 강당 점거 사건, 국제반전의 날의 신주쿠 가두시위, 미국의 원자력 항공모함 '엔터프라이즈호' 입항 저지 운동의 격화, '요도호' 납치 사건 등이 일어나 유난히 혼란스러웠다. 어디까지나 아베의 평가일 뿐이지만, 당시 아베의 고등학교 교사들은 "골수 좌파는 아니었지만 교내에는 좌파 분위기가 강하게 흘렀고, 좌파다운 언행이 일종의 패션이 되어 있었다"라고 한다.

사건이 일어난 것은 윤리사회 수업에서 안보조약에 대한 이야기가 나왔을 때다. '좌파 경향' 교사의 입에서 안보에 대한 부정적인 발언이 연속해서 튀어나왔다. "안보조약은 일본의 안전과 번영에 도움이 안 된다", "안보조약은 일본은 전쟁으로 몰고 갈 것이다"라는 교사의 해설을 듣자 아베는 가만히 참을 수가 없었다. "선생님 잠깐만요!"라고 벌떡 일어서서 "그건 틀린 게 아닐까요?"라며 반론하기 시작했다.

"선생님은 일본의 번영에 도움이 안 된다고 하셨지만 예를 들어 안보조약 제2조항을 아시나요? 저는 이것이 일본의 번영의 기초를 만든 것이라고 생각합니다."

'경제 조약'이라고 불리는 제2조에는 '조약국은 상호 간의 국제경제 정책에 있어서 상충되는 점을 없애기 위해서 노력하고 또한 양국 간의 경제적 협력을 촉진한다'고 되어 있다. 경제 면에서도 좋은 관계를 만들어보자는 정도의 원칙론이 쓰인 조항이지만, 고등학교 1학년이 수업 중에 그 부분을 인용해 반론을 꾀한 것은 꽤 괜찮은 시도였다. 아베는 기시로부터 "경제 조항이 중요해. 미국의 경제 협력이 있기 때문에 지금의 일본 경제 발전으로 이어지는 거야"라는 말을 듣고 자랐다고 한다.

아베는 이날 수업 중에 있었던 발언을 잘 기억하고 있었는데 다음과 같이 회상했다.

"할아버지가 국민들을 위해 신념을 가지고 정치생명을 걸어서 이루어낸 일을 교사가 조약을 잘 읽어보지도 않고 제대로 이해하지도 못한 채 좌파적인 패션 감각으로 전면 부정하는 것이 분하기도 하고 도무지 납득되지 않았다."

그러나 이 교사는 아베가 던진 논의에 응하지 않았다. 아베의 기세에 기가 눌린 것인지, '기시의 손자'라는 사실을 배려한 것인지, 금방 화제를 다른 곳으로 돌려버렸다.

2006년에 제1차 정권을 잡기 직전에 출판한 저서 『아름다운 나라로(美しい国へ)』(문예춘추)에서 아베는 당시의 심경을 다음과 같이 서술했다.

> 사실을 말하면 그 당시 나는 조약 전문이 어떠한지 거의 알지 못했다. 그러나 할아버지로부터 안보조약에는 일본과 미국의 경제 협력을 촉진하는 조항이 있어서 이것이 일본의 발전에 커다란 의미가 있다는 이야기를 들었기 때문에 '당신은 어떻게 생각하나'로 물고 늘어져본 것뿐이다.

그 자리에 있었던 한 동급생은 "아베 군은 정치에 관심 있는 사이가 좋았던 친구들과 자주 안보와 헌법 문제에 대해 논쟁을 벌였다. 아베 군의 기세에 기가 눌린 친구들은 대부분 도중에 항복했는데, 그럴 때마다 아베 군의 만족스러워하던 표정은 지금도 생생하게 기억한다. 하여간 자기주장이 강하고 콧대 높은 아이였다"라고 진술했다. 필자와의 인터뷰에서 아베 본인은 "1970년 안보투쟁 당시에 학교에서 친구들과 자주 논쟁을 벌였다. 좌파 경향의 친구들과도 설전을 벌였지만 누구에게도 져본 적이 없다"라고 말했다.

이 사건은 '아베가 선생님을 이겼다'고 교내에 퍼져나갔다. 동급생도 "아베가 복도에서 벌을 섰다, 논리사회 과목에서 나쁜 성적을 받았다는 등의 소문이 꼬리를 물고 퍼져나갔다"라고 밝혔다. 이 부분을 아베에게 확인해 보았으나 그는 "사실이 아니다. 성적 이야기도 틀리고, 벌을 서지도 않았다"라고 웃어넘겼다.

필자는 같은 인터뷰에서 항간에 전해진 중학교 3학년 시절의 에피소드에 대해서도 진상을 물어보았다. 국어 수업 시간에 "헌법 전문은 아름다운 문장이다"라는 선생님의 주장에 맞서서 반론을 펼쳤다는 것이다. 아베는 질문에 다음과 같이 대답했다.

"헌법 전문을 암기해 빈칸에 정답을 쓰는 수업이었다. 당시 선생님은 확실히 '아름답다'고 말했다. 그러나 내가 반론하지는 않았다. 고등학교 시절의 윤리사회 수업 사건과 이야기가 뒤섞인 게 아닐까 싶다. 그렇지만 수업 후에 '정말 이게 그렇게 아름다운 문장일까' 하는 의문이 머릿속에 오랫동안 남아 있었고, 그것이 고등학교 윤리 시간에 일어난 사건과 연결된 측면이 있을지도 모르겠다."

어찌 되었건, 청소년기에 보여준 일미안전보장과 헌법에 대해 격렬하게 논쟁하는 버릇은 지금도 별로 변하지 않은 것처럼 보인다.

'버럭 하는 아베'의 뿌리

아베는 자신이 옳다고 믿을 때는 다른 의견에 대해 반사적으로 버럭 화를 내며 참지 못하고 거칠게 반발하는 장면이 자주 목격된다. 예를 들면 2015년 통상국회(매년 1회 소집되는 정기 국회-옮긴이)에서 최대 쟁점이 된 안전보장법제를 둘러싼 국회 심의에서는 좌석에 앉아 야당에 야유를 퍼붓다 사죄와 발언 취소를 해야 하는 상황에 처했으며, 질문의 요지에 맞지 않는 엉뚱한 자기 소신만 늘어놓아 회장을 소란스럽게 만들기도 했다.

모친인 요코는 아베의 그러한 성격에 대해 "겉보기에는 다소 부드러워 보이지만 제법 고집이 세다고 할까. 어린 시절부터 한번 고집을 피우면 도저히 말을 듣지 않는 아이였어요. 자기 생각에 말이 안 된다 싶은 것은 정말 싫어했죠"라고 말했다.

이런 성격은 오랫동안 정치가로 활동하면서 권력의 계단을 오르며 더욱 강해졌는지 모른다. 걸핏하면 반대 의견에 귀를 기울이기는커녕 아예 귀를 닫아버린다. 특히 TV의 보도 프로그램 생방송에 출연했을 때엔 '버럭 하는 아베'의 모습이 전국으로 방영되었다. 대표적인 예가 아베가 중의원을 해산한 2014년 11월, TBS의 〈NEWS 23〉에 생방송 출연했을 당시의 발언일 것이다. 경제 정책인 아베노믹스에 따른 경기 회복을 실감하느냐는 거리 인터뷰에서 "경기가 좋아졌다고 생각되지 않는다", "아베노믹스의 효과를 전혀 느끼지 못한다"라고 대답하는 시민들의 목소리가 VTR로 흘러나오자 아베는 "이거, 이상하지 않습니까?"라며 갑자기 불쾌한 표정을 드러냈다. "이건 말이죠, 혹시나 거리의 목소리를 여러분들이 선별한 것이 아닙니까?" 즉, 방송국의 의도적인 편집이 있었던 것이 아니냐는 항변이었다.

그의 발언은 그 후 자민당이 도쿄의 중앙 방송국 각사에 '선거 보도에 편파적인 부분이 없도록 조치하라'는 내용의 지침서를 내려보낸, 이른바 '보도 압력 사건'으로 발전한다. 더욱이 선거 후(같은 해 12월 21일)에 NHK와 TV아사히 관계자를 자민당 본부로 불러 '사정 청취'한 일도 물의를 일으켰다. 이러한 배경에 TV와 매스컴에 대한 아베의 불신이 있다는 것을 어렵지 않게 상상할 수 있다.

자민당이 대승을 거둔 총선거 투개표일, 니혼TV 계열의 〈NEWS ZERO〉의 선거 특집에서도 자민당 선거본부를 연결해서 중계하는 도중, 아베가 아베노믹스에 의한 임금 인상을 어필했으나 뉴스캐스터가 "아베 씨, 현재 중소기업들이 임금 인상을 할 여력이 있다고 생각하십니까?"라고 질문하는 순간, 갑자기 귀에서 이어폰을 빼버리고 글자 그대로 귀를 닫아버렸다. 귀는 닫으면서도 입은 계속 움직였다. 뉴스캐스터의 질문에는 대답하지 않은 채, "내후년 봄에도 (임금) 인상은 계속될 것입니다"라며 일방적으로 지껄이는 이상한 행동은 국민들에게 강한 위화감을 심어주었으며, 자민당 내에서도 대승 분위기에 찬물을 끼얹는 태도였다는 불만이 터져 나왔다.

'반대 의견에 귀를 닫아버리는' 아베의 버릇은 헌법과 안보를 주제로 삼을 때 더욱 심해진다. 안보법제 심의에서 큰 소란이 벌어진 2015년의 통상국회에서는 이런 태도가 더욱 눈에 띄었다. 야당이 질문하는 중에 "빨리 질문해!", "그런 건 아무래도 괜찮잖아!"라며 야유를 퍼붓던 아베는 여러 번 사죄와 발언 취소를 요구당하기도 했다. 안보법제 심의가 참의원으로 옮겨가자, "총리는 (불량한 태도로) 다리를 뻗고 앉은 채 (부적절한) 발언을 하는 등 거칠어졌다. 더 이상 적절하지 못한 태도를 보인다면 잠시 머리를 식히도록 위원회 활동을 중지시키겠다"라는 경고를 받았으며(8월 26일 참의원의회 평화안전법제특별위원회 이사회에서의 야당 발언), 자민당도 '진심으로 유감'이라는 사죄를 표명하고 재발 방지를 약속하는 사태까지 발전했다.

아베 관찰자인 필자가 놀란 것은 같은 해 5월 27일 중의원 안보특별위원회의 광경이다. 야나기사와 교지[柳澤協二] 전 방위청 운용국장이 신문에 기고한 안보법제에 대한 문제점을 지적한 글에 대해 야당 의원에게 질문을 받았을 때다. 아베는 이때에도 불쾌한 기색을 역력히 드러내며 이렇게 대답했다.

"야나기사와 씨가 틀렸다. 왜 초보적인 것도 모르면서 시끄럽게 떠드는 것인가."

야나기사와는 방위청 관방장과 방위연구소장을 역임한 후, 고이즈미 내각부터 제1차 아베 내각, 후쿠다 내각, 아소 내각까지 4대에 걸친 자민당 정권 아래서 총리 관저의 안전보장담당 내각관방부장관보를 지낸 안전보장정책 전문가다. 제1차 내각에서 야나기사와를 기용했던 아베도 이를 충분히 알고 있었을 것이다. 그런 야나기사와가 문제를 지적한 것인데도, 자신의 의견과 다르다는 이유로 "초보적인 것도 모르면서"라고 전면 부정한 것은 온당하지 못하다. '반대 의견에 겸허히 귀를 기울이는' 자세를 보이지 못하고 '적은 무조건 깨부순다'는 태도로 일관해 자신의 사고를 차단하고 있는 것처럼 보였다.

헌법 해석 변경을 통해 집단적 자위권을 용인한 일에 대해서 비판을 받았을 때도 "내가 최고 책임자다"라고 내뱉은 언행 역시 논의를 거부한 채 사고를 차단하고 있는 것처럼 보여 필자에게는 '버럭 하는 아베'로 비쳤다.

'기시의 가르침'과 안보 사상

학생 시절의 논쟁이라면 별로 태도가 좋지 못해도 용서될 수 있다. 하지만 의회 정치가로서 '반대 의견에는 귀를 닫아버리는' 자세는 치명적인 결점이다. 국회심의는 이기고 지는 싸움이 아니라 국가와 국민의 이익과 명운에 직결되기 때문이다. 국회에서의 논의는 정치가의 쇼맨십 가득한 퍼포먼스나 토론 프로그램이 아니다.

아베의 토론 스타일이 학생 시절에서부터 전혀 발전하지 못한 까닭은, 엄격히 말하면 그의 사상 자체에 깊이가 없기 때문일 것이다. 아베가 '옳다'고 믿는 헌법이나 안보 정책에 대한 사고 체계는 그가 학생 시절의 논쟁이나 정치사, 사상사, 법학 등을 공부하는 과정에서 몸에 익힌 것이 아니며, 그렇다고 해서 정치가로서 국정에 참여하는 동안 검증되고 연마된 것도 아니다. '할아버지의 가르침'으로서 어린 마음에 새겨진 것이기 때문에 거의 성장하지 못했다고 비판받아도 어쩔 수 없다.

국회의 당 대표 토론에서도 아베는 야당 대표와 헌법과 안보에 관해 정면으로 논쟁을 벌이는 것이 아니라, 자신의 주장만 일방적으로 떠들기 때문에 토론이 전혀 이루어지지 않는다. 항상 그렇게 된다. 그것은 아베의 헌법론과 안보 문제에 관한 사고방식이 '사상'이라기보다 조부인 기시의 '가르침'이기 때문이며, 논쟁을 통해 서로의 일치점과 타협점을 찾아갈 수 있는 주제가 아니기 때문일 수도 있다. "자기 주장은 할 수 있지만 디베이트(토론) 능력이 부족하다. 기초적인 지식을 학생 시절에 축적하지 못한 채로 할아버지(기시)의 DNA만 요령껏 계승했다. 사상이나 사고가 설익은 채 정치가가 되어 젊은 나이에 총리의 자리까지 올라간 것이 오히려 그의 성장을 막는 요인이 된 것은 아닐까 싶다." 아베를 가까운 거리에서 보좌해 왔던 자민당의 한 중견 의원의 분석이다.

아마도 아베가 가장 싫어하는 정치가의 한 사람인 민주당 소속의 간 나오토[菅直人] 전 총리는 아베의 '조부 신앙'에 대해 다음과 같이 지적한다.

> 아베 총리는 어린 시절부터 외조부인 기시 노부스케를 존경하여 기시 총리가 한 일은 모두 옳다고 모친에게 배웠다. 할아버지를 존경하는 것은 일반적으로 본다면 결코 나쁜 일이 아니다. 오히려 보기 좋은 모습이다. 그러나 정치가로서 기시 노부스케가 한 일은 뭐든지 옳다고 굳게 믿어버리는 것은 문제가 있다. (아베 총리에 대한 제언)

대학 시절에 아베 형제를 가르쳤던 한 교수는 10년 전쯤에 필자의 취재에서 가차 없이 지적한 바 있다.

"아베 군은 보수주의를 주장한다. 그건 나쁘지 않다. 다만 사상사라도 공부한 후에 이야기한다면 그나마 괜찮겠지만, 아베 군은 대학 시절에 관련 공부를 전혀 하지 않았을 뿐 아니라 경제나 재정, 금융 등의 수업도 처음부터 듣지 않았다. 졸업논문도 분량이 매우 적었다고 기억한다. 반면 형은 성실히 공부했다. 아베 군은 정치가로서 지위가 올라갈수록 더욱 해박한 지식과 사상을 연마해 반대파의 의견을 경청하고 논의를 주고받아 궤도를 수정해야 할 부분을 과감히 수정하는 유연성을 갖추기를 바란다."

총리대신에 오른 현재의 아베의 정치 기법을 보면 은사의 바람이 이루어질 수 있을지 의문이 든다.

도쿄대에 가라는
아버지에게 반발하다

이야기를 아베의 학생 시절로 되돌려보자. 아베는 필자에게 "직업 정치가의 길을 확실하게 의식한 것은 중학교 고학년 때부터 고등학교에 걸쳐서의 기간"이라고 이야기했다. 거기에는 역시 기시의 그림자가 있었다. 그는 필자에게 이렇게 이야기했다.

"고등학교에 입학했을 무렵, 당시에는 매스컴도 좌익 분위기가 지배적이어서 내가 다닌 학교는 사립인데도 선생들은 모두 좌파였다. 정치가는 평판이 좋지 않은 직업이었던 것이다. 더구나 외조부는 A급 전범 용의자라는 비난을 받았다. '할아버지는 그렇게 나쁜 사람이 아니야'라고 어린 마음에 생각했고, 그러한 분위기에 반발심이 생겼다. 그러나 그것은 '정치가가 국민들에게 제대로 설명하고 설득하지 못했기 때문이 아닐까, 나라면 좀 더 잘 설명했을 텐데'라고 생각했다. 그때는 마침 70년 안보투쟁이 한창이던 시절이었는데, 나는 반에서 안보에 대해 토론하면 누구에게도 지지 않았다."

그리고 대학 진학이 다가왔다. 아베가와 기시가는 도쿄대학 법학부 진학을 숙명으로 짊어진 가계라고 할 수 있다. 외조부인 기시 노부스케는 도쿄대 법학과 재학 시절, 후에 도쿄대학 명예교수가 되는 일본 법학계의 거장 와가쓰마 사카에[我妻栄]와 수석을 다투던 수재였고, 작은외할아버지인 사토 에이사쿠 전 총리도 도쿄대 법대 출신이다. 할아버지인 간과 아버지인 신타로 역시 도쿄대 법학과 출신이다. 반면 아베 형제들은 히로노부와 신조가 세이케이초등학교에, 3남인 노부오가 게이오요치샤(게이오대학 부속초등학교-옮긴이)에 입학해 에스컬레이터 식(명문 사립학교에 입학해 입시를 치르지 않고도 자동으로 관련 상급학교에 진학하는 시스템-옮긴이)으로 대학까지 진학했다.

요코는 한때 입시를 생각한 적도 있다고 한다.

"아버지도 남편도 도쿄대학 출신이라, 도쿄대학이 아니면 안 된다는 생각이 있었어요. 그러나 신조에게는 그런 의식이 별로 없었던 것 같아요. 결국 아버지도 '세이케이는 일관 교육이 잘되어 있다'며 그대로 대학까지 진학하게 했습니다."

요코는 신타로가 아이들 성적표나 가정통신문을 보여 달라는 말을 일절 하지 않았다고 했지만, 그래도 신조가 고등학생이 되면서 신타로는 공부를 종용하게 되었다. "공부는 별로 좋아하지 않았다"라고 한 아베에게 신타로가 "도쿄대학에 가라, 도쿄대에 진학해"라고 종용하는 모습을 목격한 관계자가 있다.

"세이케이는 무시험으로 대학까지 진학할 수 있기 때문에 신 짱은 그다지 공부를 열심히 하지 않았다. 신타로 씨가 '대학은 도쿄대학밖에 없다고 생각하라'고 말하면서 낡고 두꺼운 사전으로 신 짱의 머리를 탁 치는 모습을 여러 번 목격했다."

그러나 정치가가 되겠다는 포부와 명문가 혈통에 대한 자부심을 품은 한편, 마음대로 되지 않는 공부에 대한 수치심과 르상티망(ressentiment, 자신보다 강한 자에게 복수하고 싶은 답답한 심정)을 느끼고 있던 예민한 고교생에게, 도쿄대학을 졸업하고 반골 정치가로 칭송받는 부친 신타로의 '사랑의 매'는 솔직히 받아들이기 쉽지 않았다. 고참 비서의 말에 의하면 "두 사람의 사이는 점점 벌어졌다." 필자는 담당 기자 시절, 신타로가 여러 모임을 챙기느라 거의 매일 심야에 귀가하던 일상을 보았다. "선거 준비를 위해 지역구에 가는 날이 많았던 요코 부인과의 부부관계에도 문제가 있던 시기가 있었다"라는 (관계자) 증언도 있으며, 아이들에게도 그런 분위기가 전해졌다. 당시 아베가의 관계자가 이런 이야기를 들려준다.

"반항기라고 할까, 신조 군이 무척 예민한 시기였습니다. 성적도 많이 떨어져서 신타로 씨와 요코 씨가 많이 걱정했습니다."

학력 콤플렉스

대학 진학을 앞두고 정치가를 지망하는 아베는 세이케이대학 법학부를 선택했다. "어린 시절부터 정치가는 되기 싫었다"라고 한 히로노부는 같은 세이케이대학의 경제학부로 진학했고, 이때부터 형과 동생은 다른 길을 걷기 시작했다. 히로노부에게 왜 정치가가 되기 싫었는지 물어보았다.

"대학에 들어간 무렵부터 동생과 나는 아버지의 선거를 도왔는데, 그 일이 싫어서 참을 수 없었다. 일을 돕는 내내 이렇게 싫은 일은 세상에 다시없을 것이라고 생각했을 정도다."

그리고 결정적인 사건이 발생한다. 아베 형제는 사회인이 되어서도 부친의 선거를 돕는 일을 계속했는데, "회사에 들어간 지 몇 년 후, 겨울에 있었던 선거였다. 눈이 많이 내리는 날, 열어둔 창문으로 눈이 들어와 무릎에 쌓일 정도로 강한 한파에 시달리며 가두연설한 바람에 감기에 걸렸다. 공교롭게도 바이러스가 골수까지 침범해 몸이 마비되어 버렸다. 3개월 정도 입원했고 재활을 위해 반년 정도 회사를 쉬었다. 싫다, 싫다 하면서 일하는 바람에 더 심하게 앓았는지 모르겠지만, 이 일로 인해 정치가가 되지 않겠다는 결심이 확실하게 굳어버렸다."

그런데 아베 내각에는 도쿄대학 출신자가 적다는 사실을 눈치챘는지 모르겠다. 2015년 10월에 발족한 제3차 아베 내각에 도쿄대학 출신자는 '총리의 친구'로 불리는 시오자키 야스히사[塩崎恭久] 후생대신, '아베 키즈'라고 불리는 마루카와 다마요[丸川珠代]와 가토 가쓰노부[加藤勝信], 공명당의 이시이 게이치[石井啓一]까지 총 4명뿐이다. 이는 역대 정권 중에서도 극단적으로 적은 편이다.

"신 짱은 도쿄대학 출신과 엘리트 관료들을 싫어했다. 의원 중에서도 도쿄대학 출신과는 궁합이 맞지 않는지 멀리하는 경향이 있다. 엘리트였던 아버지와 할아버지에 대한 반발심이 아닌가 싶다"라는 것이 아베와 오랜 친분을 쌓은 모 의원의 분석이다. 아베 자신도 자민당 간사장 시절의 인터뷰에서 "할아버지가 대단한 수재였기 때문에 그에 대한 부담감이 있습니다"라며 스스로의 콤플렉스에 대해 이렇게 말한 적이 있다.

콤플렉스가 없는 사람은 세상에 거의 없을 겁니다. 하나는 초등학교부터 대학까지 쭉 세이케이학원에 다녔기 때문에 입시 경험이 없다는 겁니다. 인간은 한 번쯤은 눈앞에 있는 목표를 달성하기 위해서 죽을 각오로 공부하는 경험도 필요하지 않을까 하는 생각이 듭니다. 그 대신, 국회 의원이 되면서부터 3년에 한 번 (유권자에게) 심판을 받아야 하지만 말입니다. (《요미우리 위클리》, 2004년 2월 22일호)

학력과 관련해서 흥미로운 에피소드를 소개하고 싶다. 첫 번째 총리에 취임하기 2개월 전인 2006년 7월, 아베는 자신의 자전적 정치관을 담은 『아름다운 나라로』를 출판했다. 그 책에서 아베는 일미안보조약 개정을 달성한 기시 노부스케의 업적에 대해 다음과 같이 썼다.

할아버지는 어린 시절부터 내 눈에는 나라의 장래에 대한 걱정으로 가득한 진실한 정치가로 보였다. 그뿐 아니라 세상의 요란한 비난을 상대하면서도 의연한 태도를 잃지 않는 할아버지의 모습은 가족이면서도 자랑스럽게 여겨졌다.

그로부터 7년이 지난 2013년 1월, 다시 한 번 총리 자리에 오른 아베는 마지막 장을 추가해 『새로운 나라로(新しい国へ)』(『아름다운 나라로』의 완전판)를 출판했다. 이 리뉴얼 판의 마지막 페이지를 읽어 내려가는 순간, '어라?' 하는 의문이 들었던 것은 필자가 아베에 대해 특별한 관심을 가지고 있기 때문이다. 보통은 거의 알아차리지 못하는 자그마한 변경 사항이 있었는데, 예전의 『아름다운 나라로』의 약력에 있었던 다음 부분이 고스란히 삭제된 것이다.

세이케이대학 법학부 졸업. 고베제강소 근무를 거쳐, 1982년 부친인 아베 신타로 외무대신의 비서 역임.

당시 이 부자연스러운 교정에 대해 편집 관계자들 사이에서는 "원고에는 거의 손대지 않으면서 왜 굳이 최종 학력만 수정했을까?" 하는 쓴웃음이 퍼졌다고 전해 들은 기억이 있는데, 아베를 잘 아는 자민당의 한 의원도 "학력 콤플렉스의 반증이라고밖에 생각할 수 없는 일"이라며 쓴웃음을 지었다. 왜 아베는 최종 학력까지 삭제해야 했을까? 사실 도쿄대학 법학부 진학을 숙명으로 여기는 집안에서 자란 아베가 입시를 치르지 않고 세이케이대학 법학부에 진학해 주위의 기대와 중압감에서 벗어나 자신의 진로를 정치가로 결정하기까지는 길을 잃고 안개 속을 헤매는 '방황의 시기'가 있었던 것이다.

알파로메오와 마작

세이케이대학 법학부에 진학한 아베는 '정치가 아들'이라는 사실을 더 이상 숨기려 하지 않았다. 새빨간 알파로메오로 통학하며 양궁부 동아리에 들어가고 마작을 즐기게 된다.

"아버지가 아베 신타로라고 하는 정치가야."

"그럼 기시 노부스케 손자구나."

입학 전 오리엔테이션에서 돌아오는 길에 아베와 이 같은 대화를 나눈 사실을 또렷하게 기억하고 있는 친구가 증언했다.

"알파로메오를 타고 학교에 오는 녀석이 있다고 모두 놀라워했는데 아베 군이었다. 당시 가쿠슈인대학 양궁부에 예쁜 여자 부원이 많아서 미팅에 부르거나, 신주쿠나 기치조지[吉祥寺]에 있는 마작 클럽에 자주 어울려 다니면서 밤새 놀기도 했다. 아베 군은 용돈이 적었던 것 같았는데, 서로 '돈을 잃으면 집에 돌아갈 차비가 없다'며 필사적으로 마작을 했다."

마작을 좋아하는 건 아베가의 유전으로, 아버지 신타로도 종종 친분 있는 의원들과 테이블에 둘러앉아 마작을 즐겼다. 곁에서 지켜보던 필자에게 "화장실에 다녀올 동안 잠깐만 대신 해달라"고 부탁한 적도 있다. 요코도 어머니(기시의 부인) 등과 마작을 했다고 고참 비서가 밝혔다. 아베도 마작을 잘한다고 알려져 있다.

아베의 마작 버릇에 대해서 친한 친구로부터 이러한 비밀을 들은 적이 있다.

"그는 얼음물의 얼음을 깨무는 것을 좋아했는데, 텐파이[聽牌](목적하는 패가 들어와 곧 이기기 직전-옮긴이)가 되면 자기도 모르게 얼음을 와작 하고 깨무는 버릇이 있었다. 그러면 이쪽은 '아하, 왔구나' 하면서 금방 알아차리게 된다."

학교 수업에는 흥미가 없었던 것 같다.

"대학 시절에 공부를 그렇게 열심히 한 편은 아니다. 특히 경제, 재정, 금융 등의 수업은 처음부터 들으려고도 하지 않았다"라고 한 대학 시절 은사의 말은 이미 소개했는데, 대학 친구는 다음과 같은 사건을 들려준다. 아베가 관방부장관 시절, 3월에 있었던 일이라고 한다. 대학 친구가 우연히 전화를 걸었는데 아베는 "오늘은 시간이 좀 된다"라며 함께 점심 식사를 하게 되었다. 대학 시절 이야기로 꽃을 피우던 끝에 두 사람은 모교인 세이케이대학을 찾았다. 봄방학이라 교내는 한산했고 어학 교실 등을 둘러보던 중에 친구가 문득 생각난 듯 "그러고 보면 내가 너보다 훨씬 열심히 공부했는데 왜 너만 합격

점을 받았지?"라고 물어보자 아베는 "그런 건 요령이야, 요령"이라고 명쾌하게 대답했다고 한다.

이 정치가의 인물상을 그리는 데 있어서 '요령'이라는 '아베어(語)'는 중요한 의미를 가진다. 공부에 요령을 피우는 한편, 아베는 양궁 동아리에 몰두하면서 대학 생활을 구가한다. 양궁은 집중력은 물론이고 강한 등 근력과 팔 힘도 필요하다. 대학 동창의 표현대로 "유약한 외모에 호리호리한" 아베는 왜 양궁 동아리를 선택한 것일까?

"초등학교 시절에 검도를 조금 했을 뿐이고, 대학에 진학하면 운동을 하나 하고 싶다고 생각하던 참에 교내에서 전단지를 받았다"라는 아베는 여기서도 요령껏 동아리를 선택한 것 같다. "스키나 테니스 동아리는 원래 실력 좋은 녀석들이 많이 들어가는데, 나는 체력이 그렇게 좋은 편이 아니라 그들의 상대가 못 된다. 반면 양궁은 대부분 처음 배우는 학생들이라 출발점이 모두 같고 핸디캡도 없으니 시합에도 나갈 수 있지 않을까 생각했다"라고 말한 것을 보면, 양궁에 대한 특별한 애정이 있었던 것은 아닌 듯하다. 당시 세이케이대학 양궁부는 관동 학생 리그 2부에 소속돼 있었다.

"2부라고는 하지만 우리 학교 체육 동아리 중에서는 강호에 속하는 편이라 훈련 강도도 강했다. 연간 100일 정도 합숙이 있었는데, 아베가의 가와구치 호수 별장이 뒤풀이 장소로 자주 사용되었다."

동아리 친구는 이같이 회상했다.

"유약해 보이고 마른 편인 아베 군의 실력은 후보와 레귤러의 중간 정도였다. 단체전에는 교체 선수로 출장한 적도 있던 것으로 기억한다. 그 정도의 포지션이라면 보통은 점점 연습을 게을리하는데, 아베 군은 성실했다."

그리고 대학 4학년 때는 체육부의 예산 배분을 조정하는 체육회 본부의 회계국장으로 선출되었다. "당시는 학생 체육이 끝물이었고, 문화계 동아리와 체육계 동아리는 사이가 좋지 않았다. 그런 와중에서도 아베 군은 예산을 꽤 많이 따냈고 학교 측과의 교섭에도 솔선했다. 교섭력과 조정력이 있는 인물이라는 인상이 남아 있다. 장래를 촉망받는 거물 정치가 아버지를 둔 것이 그럴 때 도움이 된 것 같다"라고 후배 부원은 떠올렸다.

"임원은 선배의 지명으로 정한다. 돈은 그 녀석에게 맡기면 안심된다는 신뢰가 있었다"라고 다른 부원도 회상한다. "금전 감각이 뛰어나다"라는 평가는 아베의 잘 알려지지 않은 일면이라 해도 좋을 것이다. 아베가의 양육 담당이었던 구보 우메는 이렇게 회상한다.

"쓸데없이 돈을 많이 주지 말라는 신타로 씨의 방침으로 아이들 용돈이 적은 편이었습니다. 그래서 신 짱은 어렸을 때부터 잔돈 계산이나 용돈 관리를 철저히 하는 아이였죠."

중학교 시절에 활동했던 지리연구부 동아리에서도 아베는 회계를 맡았다.

한 동창은 청춘 하면 떠오르는 추억 중 하나가 아베에 의한 미팅 강제 동원이라고 회상했다. 양궁부원도 아닌 이 동창은 "어이, 오늘 가쿠슈인 양궁부와 미팅이 있으니 너도 꼭 와"라는 아베의 손에 이끌려 종종 미팅 자리에 나갔다고 한다. "외모를 따지는 아베는 미인이 많기로 소문난 가쿠슈인대학과의 미팅이 좋아 죽겠다는 표정으로 열심히 미팅 자리에 나갔습니다."

다른 동창은 "아베는 거물 정치가의 아들이라는 사실 때문에 감정을 억누르는 경향이 있어서, 대학 시절에도 특정한 여성과 사귀는 일은 없었다. 그래서 여학생들과 부담 없이 교류할 수 있는 미팅 자리가 편하고 즐거웠던 게 아닐까"라고 말한다. 동아리 활동에 열중하고 발이 닳도록 미팅을 쫓아다닌 반면, 유소년기부터 "아빠 뒤를 이을 거야"라고 선언하고 중고등학교 시절에는 안보조약을 둘러싸고 교사와 격렬한 논쟁을 벌였던 아베의 정치 지향은 대학 시절에는 별로 드러나지 않았다.

필자는 약 10명 정도의 대학 동창들을 취재했지만, 그중 반 이상이 "그는 정치가가 될 생각은 없었던 것 같다"라고 말했다. 같은 제미를 들은 친구는 다음과 같이 이야기한다.

"정말로 아버지의 뒤를 이을 생각이 있었다면, 좀 더 많은 지식을 흡수하고 일본의 장래에 대한 고민과 확실한 비전을 가지고 있었을 거라고 생각한다. 그런데 당시의 아베 군에게 그런 비전을 느끼지 못했으며 조금도 들은 기억이 없다."

관료가 되라는 기시의 지시

학창 시절이 끝나갈 무렵, 졸업 후의 진로를 결정해야 할 시기가 다가오자 기시는 아베에게 충고했다.

"관료가 되지 않겠니?"

기시와 사토 형제는 도쿄대학 법학부, 관료, 정치가의 과정을 밟았다. 기시는 자신의 손자도 관료에서 정치가로 진출하는 길을 걷기를 원했던 것일지 모른다. "도쿄대에 가라" 압박하던 아버지에게 반발하던 아베도 경애하는 조부의 말에는 진지하게 고민했던 것 같다.

그러나 관료가 되려면 국가공무원 상급직 시험을 돌파하지 않으면 안 된다. 대학까지 자동 입학이 가능한 학교를 다니면서 수험의 고난 없이 청춘을 만끽하며 "공부는 별로 하지 않았다"라고 자평했던 아베에게 관료는 너무 높은 장벽이었을 것이다. 대학 동창은 아베로부터 이런 고민을 들을 적이 있다고 밝힌다. "아베 군은 '할아버지는 관료가 되어보라고 말씀하셨지만 나에겐 어울리지 않는단 말이야'라며 자주 푸념했다." 결국 아베는 그토록 경애하는 인자한 할아버지의 조언에 따르지 않았다.

대학 4년간 같은 동아리 활동을 했던 한 동창은 "아베 군이 정치를 계승하겠다고 하는 확고한 마음을 털어놓은 것은 졸업 직전이 되어서다"라고 한다. "체육회 본부의 뒤풀이였나, 술도 마시지 않은 그가 진지한 얼굴로 '앞으로 정치의 길을 걸으면서 약한 사람에게 희망을 주는 정치가가 되고 싶다'는 식의 말을 했다. 그전까지 도대체 이 녀석은 장차 무슨 일을 할까라고 생각될 정도로 아무 생각 없어 보이는 인상이 강했고 장래에 대해서 진지하게 말하는 모습을 본 적도 없었는데, 이때 처음으로 확실하게 정치가의 길을 계승할 생각임을 알게 되었다."

그렇지만 정치가가 되기 위해 무엇을 해야 좋은지 명확한 '해답'을 찾아내기가 어려웠던 것 같다.

형은 세이케이대학 졸업 후에 곧 바로 도쿄대 대학원에 진학했지만, 아베는 공부를 좋아하지도, 잘하지도 않았다. 관료는 되지 못할 것이 뻔했다. 친구들은 이미 오래전부터 취직 준비를 하고 있어서 그들과 경쟁하기에는 너무 늦은 감이 있었다. 정치가에 대한 확신이 싹텄지만 아무런 지식과 경험도 없이 부친의 비서가 되기에는 자존심이 용서하지 않는다. 그가 도출해 낸 답은 미국 유학이었다.

"학구열에 불타는 것은 아니었지만, 우선 세계가 어떤지, 미국은 어떤 나라인지 보고 싶었다. 영어 회화는 계속 해왔기 때문에 영어 실력을 더 연마해 보고 싶었다. 최소한 어학이라도 조금 더 잘하게 되면 좋지 않을까 하는 생각에 결정하게 되었다"라고 필자에게 털어놨다. 모친인 요코도 "유학은 본인의 희망"이라고 말했지만, 아베 집안 관계자는 "신조 군을 정치가로 만들기 위해 그럴듯한 스펙을 갖춰주고 싶은 부모 마음에 신타로 씨가 신조 군의 유학을 허락한 것 같다"라고 배경을 추측했다.

초등학교부터 대학교까지 그야말로 자유롭게 학교 생활을 했던 아베였지만, 사회인으로서 인생을 시작하는 데 조부와 부모의 기대에 부응하지 못해 괴로워하던 모습이 엿보인다. 학창 시절 친구들은 "졸업을 앞둔 진로 선택 시기가 아베 군에게 있어서 정신적으로 가장 힘든 시기가 아니었을까"라고 입을 모았다.

월 10만 엔의 컬렉트 콜

2015년 골든위크에 미국을 방문한 아베는 미국 의회에서 연설한 후 LA에 들러 서던캘리포니아대학(이하 남가주대학)의 캠퍼스를 방문했다. 유학 시절에 다닌 남가주대는 UCLA와 어깨를 나란히 하는 LA의 명문 대학이다. 영화감독인 조지 루카스, 메이저리그 선수였던 마크 맥과이어, 전 국방장관인 워런 크리스토퍼 등을 배출했으며, 전 자민당 부총재인 니카이도 스스무[二階堂進]도 졸업한 이 대학은 당시 학생 수 2만 9,000명에 달하는 큰 규모였다. 아베는 4,600명의 외국인 유학생 중 한 명으로 미국에서의 캠퍼스 생활을 시작하게 되었다. 유학 시절의 친구는 "MBA(경영학석사)를 취득하겠다는 각오도 없이 단순하게 놀 유(遊) 자 유학(遊学)을 선택한 신 짱에게도 나름 고민이 많았던 시기였다"라고 회상한다.

1977년 대학 졸업 후 얼마 안 있어 아베는 모친 요코, 친동생인 노부오와 몇몇 친구들의 환송을 받으며 의기양양하게 하네다공항을 떠나 LA로 향했다. 필자가 아베에 관한 책을 집필하고 있을 때 출판사의 현지 조사를 통해 알게 된 사실인데, 사실 아베는 처음부터 남가주대학에 다녔던 것이 아니다. 조부 기시의 대부터 아베가와 친교가 있던 화교 M씨의 도움으로 이탈리아계 노부인의 집에서 하숙을 하면서 9개월 정도 샌프란시스코의 헤이워드에 있는 헤이워드학교에서 어학연수를 했으며, 남가주대학에 입학한 것은 그 다음해인 1978년 1월이었다.

이때도 다시 "유소년기의 가정환경으로 인해 유난히 외로움을 타던(우메)" 아베는 생소한 외국 생활로 인해 향수병을 앓으며 도련님 특유의 응석받이 같은 일면을 나타냈다. 요코는 "M씨는 책임감이 강한 분으로, 신조가 외로워하는 것 같으면 집으로 초대해 이곳저곳 데리고 다니며 보살펴주셨다"라고 이야기했다. 아베의 향수병은 친구들 사이에서도 유명했다. 학교 친구 중 한 명은 후에 아베로부터 "향수병 때문에 무척 힘들었던 적이 있다"라는 말을 들었다고 한다. 아베는 친구들에게 빈번하게 편지하는 것으로 외로움을 달래려 했다.

"친구가 생겼다든가 하는 일상을 편지지 5~6장에 써서 보냈다. 특별할 것 없는 내용이었지만, 편지를 자주 받으면서 아무래도 많이 외로운가 보다 생각하게 되었다(대학 시절 친구)."

이런 에피소드도 있다. 외로움을 견디지 못한 아베가 도쿄 본가로 빈번하게 컬렉트 콜을 하는 바람에 아버지의 인내심이 폭발했다. "매일 밤 걸려오는 국제전화 요금이 10만 엔을 넘는 달이 계속되었다.

결국 신타로 씨가 '이렇게 어리광을 피우려면 차라리 일본으로 돌아와!'라고 노한 목소리로 나무랐다(아베 가문 관계자)."

결국 1978년에 남가주대학에 다니기 시작하면서 가을학기를 마친 시점까지, 짧았던 유학 생활은 종지부를 찍게 되었다. 귀국 후 아베는 "사실은 좀 더 미국에 남고 싶었다"라고 친구에게 털어놓는다. 신타로는 아베를 불러들여 직장 생활을 경험하게 한 후, 장차 비서로 채용해 자기 밑에서 정치가 수업을 시키려고 생각했다. 결국 아베는 미련을 남긴 채 신타로의 의향에 따라 미국을 떠날 것을 결심했다. 1979년 초봄에 아베는 귀국한다.

아베가 자민당 간사장이었던 시절, 이 '유학' 경력이 국회에서 문제된 적이 있다. 아베는 그때까지 이력서에 항상 '서던캘리포니아대학 정치학과에 2년간 유학'이라고 썼는데, 실제로 아베가 재학한 기간은 1년 남짓이었다. 더구나 9개월간 정치학과에 다니면서도 정치학 관련 학점을 전혀 취득하지 않았다(이 문제는 《슈칸포스트》 2004년 2월 13일 호에서 특종으로 밝혀졌다). 이후 그의 경력에서 유학 부문은 삭제되고, 현재 아베의 공식 사이트 프로필에도 기재되어 있지 않다. 감추려던 이력은 아니었겠지만, 본인에게는 자랑할 만한 이력이 아니었던 듯하다.

정략 취직

귀국한 아베는 취직이라는 인생의 기로에 서게 되었다. 부친 신타로의 권유에 따라 아베는 샐러리맨으로서 사회에 나가겠다고 결심한다. 그러자 갑자기 '어디에 취직할 것인가?'로 주변이 소란스러워진다. 당시 농림대신과 관방장관을 역임하고, 나는 새도 떨어뜨리는 권력자였던 신타로의 아들을 두고 대형 상사와 은행에 이르는 유력 기업의 권유가 끊이지 않았다. 신타로는 야마구치 현 출신의 사업가가 경영하는 중견 상사에서 사회 경험을 시키려고 생각했지만, 최종적으로는 출신지인 시모노세키에 조후제조소를 둔 '지역구에서 가장 큰 기업' 고베제강소(이하 고베제강)에 입사한다.

아베의 3년 7개월에 걸친 샐러리맨 생활을 도와준 인물은 기시를 모셨던 고참 비서 A씨다. 아베가 부친의 출신지인 야마구치에 취직한 배경에는 신타로의 지역구 사정이 연결돼 있었다. 중선거구제 시절인 당시, 아베 신타로의 선거구인 야마구치 1구(4명 선출)에는 신타로 외에도 다나카 다츠오[田中龍夫](전 통산성대신), 하야시 요시로[林義郎](전 대장성대신, 아베 내각에서 농수산대신을 역임한 하야시 요시마사[林芳正]의 부친) 등의 자민당 실력자가 즐비했다. 신타로는 수석 당선을 이어왔지만, 거대 표밭인 시모노세키는 그 지역에서 버스회사 산덴교통 등을 경영하는 하야시 가문의 기반이라 차지하지 못하고 있었다.

대지 면적 3만 7,000평방미터를 보유한 조후제조소는 절반 이상이 주변 일대의 토지를 대대로 소유한 하야시가에서 기부한 것이다. 따라서 이 회사가 하야시 파벌이었던 것은 말할 필요도 없다. "그 회사는 하야시 파벌에 의해 움직였다. 아베 진영은 조후 지역에서는 사람들이 모이지를 않아서 개인 연설회 한 번 연 적이 없을 정도였다(지역구 사무소 관계자)."

미래의 총리 후보가 자기 지역구에 약점 지역이 있다는 것은 모양새가 좋지 않다고 생각한 A씨는 아들인 아베를 지역구의 대기업으로 들여보내면 '하야시 왕국'을 무너뜨리고 신타로의 선거 지반을 넓힐 수 있지 않을까 계산했던 것 같다. 아베의 취직은 신타로의 선거 전략과 관련된 '정략 취직'이었던 것이다. 그러나 난관이 있었다. A씨는 "결벽증에 가까운 신타로 씨는 내가 생각하는 것 같은 정략적인 선거 대책을 극도로 혐오했다. 신조의 고베제강 입사 구상에 대해 한 마디라도 암시해 신타로 씨에게 책략을 들킨다면 '당신이 선거 대책을 세울 필요는 없다'며 퇴짜 맞을 것이 눈에 선했다."

A씨는 '하야시 대책'을 일절 내색하지 않고 뒤에서 치밀하게 분위기를 만들어나갔다. 우선 주변 장애물을 제거하기 위해 목표로 삼은 인물이 기시였다. "기시 씨는 철강 관련 대기업 간부들과 절친한 관계였다. 우선은 기시 씨를 포섭해 그의 입으로 '아베를 훈련시키기 위해서는 철강업이 좋다'며 신타로 씨를 설득해 달라고 했다. 그리고 고베제강의 간부에게 미리 부탁해서 신타로 씨가 거절할 수 없도록 손을 썼다. 고베제강은 하야시 파벌로 분류되지만, 기업 수뇌부는 신타로 씨와 친밀한 관계에 있었다(A씨)."

상황이 만들어지자, A씨는 본격적인 공세 준비에 들어갔다. 신타로와 일대일로 만나는 것부터 시작했다. 쓸데없는 말은 일절 하지 않고, 단도직입적으로 "신조 씨는 취직처를 고베제강으로 할까요?"라고만 말했다. "신타로 씨는 가타부타가 없었다. 이것으로 내부 장애물도 정리되었다. 내가 말을 꺼내기 전에 이미 신조를 맡기기로 회사 수뇌부와 암묵적인 양해가 이뤄진 것 같았다(A씨)."

여기에는 신타로 측 사정도 있었다. 신조가 남가주대학에서 가을학기 강의를 마칠 즈음에 신타로의 주변에 갑자기 큰 변화가 일어났다. 1978년 가을, 신타로가 관방장관으로 보좌해 오던 후쿠다 다케오 총리가 '막후 실력자'인 다나카 가쿠에이의 지원을 받은 간사장 오히라 마사요시[大平正芳]와의 자민당 총재 선거 예선전에서 뜻밖에 대패하는 예상 밖의 사태가 일어났다.

선거에 패한 후쿠다는 "하늘의 뜻도 가끔은 이상할 때가 있다"라는 유명한 말을 남긴 채, 고이즈미 준이치로[小泉純一郎] 등의 중견, 신예 그룹의 부탁을 완강하게 거절하며 본선거를 사퇴하고 관저를 떠난다. 이와 함께 관방장관 자리에서 물러나게 된 신타로는 총재선 패배의 수습과 앞으로의 처신으로 인해 정신이 없던 때라 아들의 취직 문제를 왈가왈부할 겨를이 없었던 것이다.

내부의 장애물을 정리한 A씨는 본인인 아베 공략에 나섰다. "고베제강은 어떤가? 할아버지(기시)도 그곳이 좋을 것 같다고 하시고." 아베에게 기시의 말은 절대적이다. 반대할 리 없다는 확신이 A씨에게 있었다. 예상대로 아베는 가타부타 없이 고개를 끄덕였으며, 요코도 이에 대해 일절 관여하지 않았다고 한다. 이렇게 해서 취직 문제가 매듭지어졌다.

그런데 A씨가 노린 신타로의 지역구 기반 강화는 어찌 되었을까? 아베의 고베제강 입사와 궤를 같이 하듯 선거 때마다 신타로와 하야시의 표차가 점점 벌어졌다. 그때까지 1만 표 차였던 것이 2만 표, 4만 표로 벌어지더니 신타로가 타계하기 전년도인 1990년도 총선거에서는 하야시가 3위로 밀려났다. "정략 취직은 정답(A씨)"이었던 것이다.

그러나 당시의 아베에게는 취직 타이밍이 좋지 않았다. 미국에서 귀국하기 전에 고베제강의 입사 시험과 입사식이 모두 끝나버렸기 때문이다. 국내에는 배속될 자리가 없었고 "회사에서는 영어가 가능하니 뉴욕 사무소에 1년 정도 다녀오라는 지시가 내려졌다. 그리고 이듬해에 다른 신입사원들과 마찬가지로 정식 발령을 받아 용광로 현장을 경험하기로 되었다(A씨)."

이 소식을 들은 아베는 불만이 가득했다. 아베로서는 어떤 회사에 들어가든 4월 1일에 정식 사원으로 시작하고 싶었는데, 중도 입사의 모양새가 된 것이다. 더욱이 "미국에서 막 돌아왔는데 또 미국으로 가야만 하다니"라는 강한 불만이 있었던 것 같다. A씨에게 다음과 같은 불평을 늘어놨다고 한다. "고베제강에서 신입사원은 처음부터 용광로 현장으로 배속되지 않나요? 중간에 들어가서 임시직으로 근무하는 건 싫어요." A씨는 숨김없이 대답했다. "뉴욕은 너의 영어 실력을 연마하는 데도 도움이 된다. 영어 실력을 쌓는다는 생각으로 다녀오거라. 내년에는 처음부터 오리엔테이션을 받게 해줄 테니 그걸로 납득해 주길 바란다."

A씨는 틈을 주지 않고 "입사 축하 파티를 하자! 회사 동료들도 같이 데려오면 어때?"라며 아베를 부추겼다. 10명쯤 되는 회사 동료들과 같이 나타난 아베를 데리고 A씨는 도쿄 신바시[新橋]의 JR선 철길 밑에 있는 닭꼬치집으로 향했다. 고급스러운 레스토랑 파티를 기대했던 아베는 떨떠름한 표정으로 "축하 파티는 어디서 하나요?"라고 물었다.

"여기다!"

"여기요?"

아베는 불만 가득한 표정으로 되물었다.

"그의 놀란 표정은 지금도 생생하게 기억합니다. 그러나 전차가 지나갈 때마다 천장이 흔들리고 연기가 자욱한 닭꼬치집에서의 파티는 점점 분위기가 무르익어 아주 만족스러운 입사 축하 겸 환송 파티가 되었습니다. 신조 군도 마지막에는 꽤 흥분된 모습으로 '감사합니다. 뉴욕에서 열심히 하고 오겠습니다'라고 인사했습니다(A씨)."

A씨의 이러한 행동은 사회인으로 첫발을 내딛게 된 도련님 아베에게 철길 아래의 닭꼬치집이라는 '샐러리맨의 로망'을 맛보게 해주고

싶은 '부모 마음'이 작용한 것이리라. 고베제강의 기록에는 아베의 입사일이 1979년 5월 1일로 기입되어 있다. 유학을 중도 포기하고 일본으로 돌아온 직후다.

미국으로의 유턴

정략 취업에도 거부감이 없었던 아베가 아이러니하다고 느낀 것은 유학을 포기하고 떠나온 미국으로 다시 돌아가게 된 점이다. 그러나 '열심히 하고 오라'는 부친의 말과 함께 일본을 떠나온 아베는 뉴욕 한복판인 미드타운 이스트의 고베제강 뉴욕 사무소에서 '아베 짱'이라 불리면서 샐러리맨 생활의 첫발을 내딛었다.

"이봐, 자네들 여기 좀 모여보게."

고베제강 뉴욕 사무소 소장이 사무실 직원을 불러 모은 것은 아베가 뉴욕 사무소에 부임하기 직전이었다. "뭡니까? 갑자기"라며 모여든 스태프들에게 소장은 다음과 같이 말했다. "아베 신타로 씨의 아들이 이곳으로 1년 정도 부임하게 되었네. 자네들이 잘 도와주면서 우리 회사가 어떤 일을 하는지 경험시켜 주게. 잘 부탁하네."

이야기가 끝나자 스태프들은 "이렇게 바쁜데 국회의원 아들까지 가르쳐가면서 일하란 거야. 웃기지도 않아"라고 투덜거리며 자리로 돌아갔다.

이런 분위기라고는 꿈에도 알지 못한 아베는 아르데코풍 고급 호텔로 알려진 월도프 아스토리아 호텔 남쪽에 위치한 일본 영사관 바로 앞의 웨스트베이 코 빌딩 29층의 뉴욕 사무소로 출근했다.

"아베라고 합니다. 잘 부탁합니다."

눈앞에 선 아베의 모습과 태도를 접한 사원들의 태도가 일변했다. 당시의 상사는 이렇게 회고한다.

"눈앞에 서 있는 아베 군은 무척 순해 보이는 외모에 수줍음도 많아 보였다. 거물 정치가의 아들이라고는 생각되지 않은 풍모와 태도를 풍겼다. 나쁘게 말하면 연약하다고 할까, 그야말로 귀하게 자란 티가 역력했는데, 오죽하면 우리는 '그가 정말로 장차 정치가가 될 수 있을까' 하며 걱정할 지경이었다."

뉴욕 사무소에는 소장 외에 주재원 13명과 미국인 여성 비서 3명, 총 16명의 사원이 있었다. 그 일원이 된 아베는 총무과에 배속되었다. 주재원의 출장 동행은 물론, 각종 출장 비용 계산, 일본에서 온 손님을 공항까지 실어 나르는 운전 등 그야말로 잡다한 일을 처리했다. 이곳에서 아베는 샐러리맨으로서의 기본을 익혀나갔다.

이런 일도 있었다. 코네티컷 주의 철가공회사와 마찰이 있은 후, 보고서를 제출하도록 지시받은 아베는 "쓸 말이 없는데 어떻게 하죠?"라며 스태프에게 도움을 요청했다. 조언을 받아 겨우 작성하기는 했지만, 내용이 상당히 빈약해 담당 스태프가 첨삭하는 데 대단히 애를 먹었다고 한다. 그렇지만 아베는 결코 주눅 드는 법이 없었다고 한다.

"이까짓 것! 하는 작은 일에 구애받지 않는 배짱이 있었다. 아마도 장차 거물로서의 단편을 보여준 것인지도 모른다. 그러면서도 주위 사람들에게 어린놈이 응석을 부린다는 비난을 받지 않을 수 있었던 것은 아베의 품성 덕이었다고 말할 수 있다(전 상사)."

독신이었던 아베는 일을 마치고 나면 동료들의 마작이나 가라오케 등에 초대를 받았다고 한다. 당시 고베제강 미국 주재원은 가족 동반이 원칙이었는데, 혼자 사는 아베에게 주재원들이 신경을 쓴 것이다.

"독신은 아베 군 한 사람뿐이었기 때문에 외로움을 타지 않도록 주말에는 골프를 데려가기도 하고, 순서를 정해 저녁 식사에 초대하기도 했다. 그는 절대 초대를 거절한 적이 없어서 직원들의 귀여움을 많이 받았다(앞의 전 상사)."

주말에는 업타운의 아파트에서 나와 당시 일본인들이 많이 거주하던 맨해튼 건너편의 뉴저지 주 포트리 시에 있는 상사의 아파트를 비롯해 스태프들의 가정을 차례로 방문하면서 단란한 가족 사이에 끼어서 식사를 대접받고 함께 스키 여행도 하면서 외로움을 달랬다.

부임 전까지만 해도 불만투성이였던 아베도 주위의 배려로 뉴욕 생활에 익숙해지면서부터는 '일이 너무 재미있어서 견딜 수 없다'는 마음의 변화가 일어났다. 한참 후 A씨가 뉴욕에서 아베와 재회했을 때는 "일이 재미있다"라고 연발하는 아베의 입에서 "불평 따위는 한 마디로 없었다"라고 한다.

차츰 세상에 무서울 것 없는 명문가 출신다운 기질이 나타나면서 상사나 동료들이 '역시 거물'이라고 쓴웃음을 짓는 태도를 보이기도 했다. 그중에서도 주차 위반 사건은 당시에 큰 이야깃거리가 되었다. 고베제강의 뉴욕 사무소는 스태프 전원이 렌터카 회사에서 빌린 자동차를 사용하게 되어 있었다. 그래서 주차 위반을 하면 딱지가 경찰서에서 렌터카 회사를 경유해 사무소로 날아오는데, 그때마다 총무과 스태프가 벌금을 포함해 뒷일을 처리하게 되어 있었다. 그런데 아베의 주차 위반 횟수는 다른 주재원들과는 비교되지 않을 만큼 빈번했고, 총무과 스태프는 그의 주차 위반 처리 때문에 골머리를 앓았을 정도라고 한다. 아베 본인은 그때마다 "미안하지만 잘 부탁합니다"라며 머리를 숙이기는 했지만, 그렇다고 눈치를 보는 기색은 전혀 없었고 주차 위반 횟수가 줄지도 않았다고 한다.

"인간관계를 비롯해 샐러리맨 생활이 어떠한지, 주재원은 무슨 일을 하는지, 미국인과 어떻게 사귀어야 하는지, 업무 교섭은 어떻게 하는지 등을 엿볼 수 있었다"라고 아베 본인이 회고한 뉴욕에서의 1년은 눈 깜짝할 사이에 지나갔다.

주재원 시절 상사들의 친절함을 잊지 못했던 것일까. 아베는 후에 신타로의 비서관으로 일하면서도 워싱턴이나 뉴욕을 방문할 일이 생기면 일본술 등 '일본의 맛'을 챙겨서 고베제강 뉴욕 사무소에 들러 "선물입니다" 하며 놓고 왔다고 한다.

기숙사에서 쓰러지다

일본으로 귀국한 아베는 1980년 5월 1일, 그해 신입사원들과 함께 1년 늦게 신입 연수를 치른 후, 효고[兵庫] 현 가코가와 제철소의 후판(厚板) 부문 근무에 배속되어 드디어 '촉탁사원'에서 '정사원'으로 발령을 받게 된다. 다다미 6첩(3평 정도-옮긴이)의 좁은 방에서 동료와 2인 1실의 기숙사 생활이 시작된 것이다.

아베가 배속받은 곳은 공정과의 후판 작업계다. 후판은 용광로에서 나온 수천 도나 되는 뜨거운 철 덩어리가 판자 모양으로 늘어나면서 새빨갛게 데워진 상태로 롤러 위에서 옮겨지는 과정에서 만들어지는데, 이 과정을 관리하는 것이 아베의 업무였다. 아베가 우메에게 "롤러에 떨어져서 손이나 발이 잘린 사람도 있다"라고 말했을 정도로 위험과 마주한 현장이었다. 필자도 시뻘건 철판이 흐르는 롤러

위쪽에 걸쳐진 철망 모양의 다리 위에 서본 경험이 있는데, 밑에서부터 올라오는 열기가 참기 어려울 지경이었다. 아베도 화상을 입은 경험이 있다고 한다.

아베와 1년 가까이 같은 방에서 생활했던 동료가 기숙사를 안내하면서 다음과 같이 설명한다.

"대졸 신입사원이 3년간 이곳에 발령받아 하는 일은 보통 현장과 영업의 조정 업무다. 후판 부문은 독특한 분위기의 작업장으로 현장에는 경험이 풍부한 베테랑 작업자가 많았는데, 뜨거운 용광로 앞에서 일하는 만큼 성격들이 급하고 거친 면이 있어서 거친 말이 일상적으로 오가는 분위기였다. 조정 업무라고 하면 그럴듯하게 들리지만, 사실 작업자들에게 작업 지령서를 건네주고 '잘 부탁합니다'라며 머리를 숙이는 일이 신입사원의 주된 업무다. 지금은 컴퓨터로 작업 지시를 작성해서 한꺼번에 메일로 발송하지만, 그때만 해도 일일이 손으로 쓰고 프린트해서 매일 신문 배달하듯 자전거나 오토바이로 현장을 돌면서 전달하지 않으면 안 되던 시기다. 토요일에도 출근하는 날이 많은 힘든 일이었다. 그런데도 아베 씨는 현장의 대선배들과도 원만하게 보냈으며 노력도 많이 했다."

신경을 써야 하는 현장 환경에 더해 기숙사도 역시 열악한 환경이었다.

"방이 좁아서 답답할 정도였다. 청결하다고 할 수 없었고, 에어컨도 없어서 여름에는 좀처럼 잠들기 어려운 환경이었다. 난방은 들어왔지만 열기식이라 소음이 심했고, 방에는 TV도 없고 식사도 맛이 없었다. 생활 공간이라기보다는 9시에 출근해 5시 반에 돌아와 잠만

자는 곳이었다. 목욕탕도 공동 목욕탕이었고 우리들은 그곳을 '후타마타[二俣]형무소'라고 불렀을 정도다(전 동료)."

이때쯤 대학 시절의 친구는 아베로부터 공장 근무에 대한 어려움이나 현장 인부들과의 문제로 힘들다는 한탄을 종종 들었다고 증언했는데, 업무보다 일상생활에 익숙해지는 것이 힘들지 않았을까? 제철소는 365일 가동에 하루 3교대로 이루어지는 근무 시스템이라는 점이 아베의 생활 리듬을 무너뜨리는 요인이 되었다.

"기숙사에는 교대제의 현장 근무자도 있었다. 퇴근 후에 혼자 술이라도 마시려 하면 '내일 새벽 근무라서 일찍 자야 한다'는 불평이, 휴일 아침에는 조금만 소리를 내도 '심야 근무 마치고 이제 잠들었으니 조용히 해달라'는 고함 소리가 기숙사 여기저기서 들려오는 등, 기숙사 생활은 여러모로 신경을 써야만 했다. 공장 근무도, 기숙사 생활도 신입사원으로서 철저히 규칙에 따라 생활하면서 업무 훈련을 받는 장소이지만, 솔직히 많이 고되었다. 마치 수행하는 곳 같았는데 주위에 신경을 쓰다 보면 가운데 끼어서 정신이 점점 이상해지는 경우도 있었다(전 동료)."

결국 용광로 현장 근무도 오래 지속되지 못했다. 태생적으로 장이 약한 탓도 있었지만 아베는 여름이 되자 컨디션이 무너지며 룸메이트에게 알리지도 않고 갑자기 모습을 감추었다. 도쿄의 한 병원에 입원하여 요양하기 위해서다. 전 동료는 증언한다.

"현장과의 교섭에서 스트레스가 쌓인 건지도 모르겠다. 1980년 여름쯤이라고 기억하는데, 우리들이 현장에 있는 사이에 어머니가 기숙사에 들러 짐을 싸서 갔다고 들었다. 아베 씨는 가을에 일단 한번 되돌아왔지만 현장 근무는 무리라고 판단되어 1981년 2월경에 도쿄 본사로 옮겨 갔다."

아베 자신은 필자와의 인터뷰에서 "가코가와에서의 생활은 무척 즐거웠다"라고 회고했으며 동료 사원들에게도 활발하게 일하는 사람이었다는 인상을 남겼다. 그러나 주위에서도 걱정했던 것 같다.

"아베 군은 술을 전혀 마시지 않았기 때문에, 회식 때는 운전사를 자청했다. 동료들과 30분 정도 떨어진 히메지[姫路]의 고깃집 등으로 몰려가 왁자지껄하게 떠들며 스트레스를 풀곤 했는데, 그런 자리에서는 자주 부친의 실수를 들려주며 주위를 웃게 만들었다(전 상사)."

아베가 흥에 겨워 한껏 오버하던 모습을 지금도 선명하게 기억하는 동료도 있다. 후판 작업계의 사원 여행으로 시코쿠[四国] 지방의 고토히라 신사로 버스 여행을 갔던 때의 일이라고 한다. 연회가 한창 무르익자, 아베가 무대에 올랐다. 모두 '노래 정도 하겠지'라고 예상했지만, 아베는 삿포로 동계올림픽(1972년) 70미터 스키점프 금메달리스트인 가사야 유키오[笠谷幸生]의 독특한 비행 스타일을 흉내 내면서 붕 점프한 후, 화려한 비행 자세를 보이며 착지해 많은 갈채를 받았다. "아베 짱이 그런 것도 하는구나"라는 주위의 놀라움과 함께 "인기를 얻었다"라고 한다.

기묘한 업무

짧은 '후타마타형무소(기숙사)' 생활을 끝내고 도쿄 본사로 돌아온 아베가 새롭게 배속받은 곳은 철강판매본부 철강수출부 냉연강판수출과로, 아베의 말처럼 '단숨에 읽을 수 없는 긴 이름의 부서'였다. 아베가 취급하게 된 냉연강판이란 자동차, 냉장고, 세탁기 등의 외판에 사용되며 함석지붕 재료로도 사용된다. 아베는 이 제품의 동남아시아 수출을 담당했다.

아베를 포함해 부서원이 8명인 작은 부서였다. 고베제강은 냉연강판 부문에서 선발 4개사인 신일본제철, 일본강관, 가와사키제철, 스미토모금속에 뒤쳐진 후발 주자로 시장에서의 점유율은 고작 5퍼센트에 지나지 않았다.

그러나 "그때는 의욕에 불타올랐다"라고 회고한 것처럼 아베는 점유율 확대를 위해 정력적으로 일했다. 전날에 아무리 늦게까지 일해도 아침에는 누구보다 먼저 출근해서 물 만난 고기처럼 팔팔하게 움직였다.

전 상사가 회상한다.

"수출부는 치외법권적인 부분이 있어서 분위기가 자유분방했다. 직원들도 의욕이 충만하고 지기 싫어하는 사람들만 모여 있었다. 그래서 신 짱도 성격적으로 우리 부서와 잘 맞았던 것 같다. 좋은 철을 만들어서 세계를 상대로 팔아치우겠다는 각오가 있었고, 그래서 부서에 들어오자마자 능숙하게 업무를 소화해낸 것 같다. 지금도 그는 당시 담당했던 아시아 딜러를 20사 이상 거침없이 외운다. 그 정도로 맹렬히 일했고 실제로 그때 아시아 점유율이 크게 올라갔다."

"게릴라 집단(전 상사의 표현)"의 일원으로서 맹렬한 샐러리맨 생활을 보내던 아베는 기묘한 일을 담당하기도 했다. 머리를 긁적대며 전 상사가 털어놓았다.

"일 때문에 매일 밤 술자리를 갖느라고 위가 많이 약해졌는데, 의사로부터 술자리 전에 우유를 마셔두라는 충고를 받았다. 그래서 매일 저녁 5시가 되면 책상 위에 벨을 눌러서 달려온 사원에게 100엔을 주고 2층에 있는 우유자판기에서 우유를 사 오라는 심부름을 시켰다. 그런데 제일 나중에 입사한 아베 군이 도맡아서 심부름을 하게 되었다. 시간이 지나면서 벨을 누르기만 하면 아베 군이 곧장 달려나가서 우유를 사 오게 되었다."

거물 정치가의 아들이 우유 배달이라니. 이런 재미있는 이야기는 금방 회사 내에 퍼져나갔다.

"상사에게 우유 정도는 직접 사다 먹으라고 호되게 야단을 맞았다. 장차 신타로 씨의 뒤를 이를 인물에게 미안한 일을 했다고 생각한다."

아베에게 이 에피소드를 물으니 그는 웃으면서 "그만큼 직장 분위기가 좋았다는 말이다. 상사 덕분에 일도 즐거웠고 직장에서 생활하기 좋았다"라고 대답했다.

본사 근무 시절, 아베는 커다란 협상을 담당하게 되면서 일이 즐거워졌던 것 같다.

"그는 과장인 내가 포기하라고 한 거래를 포기하지 않고 몰래 추진하고 있었다. 사실을 알고 크게 혼내려 했지만 다음 해에 커다란 비즈니스로 연결되는 경우가 꽤 있었다. 리스크를 안으면서도 거래처 사정을 파악하여 잘 대처해 나가는 재능이 있었다."

수출부 배속으로부터 2년째인 1982년. 일에 대한 의욕이 한층 더 무르익을 무렵, 아베에게 커다란 전기가 찾아왔다. 같은 해 11월에 발족한 나카소네 야스히로[中曾根康弘] 내각에서 외무대신으로 취임한 아버지 신타로가 돌연 회사를 그만두고 비서관이 되라고 명령한 것이다. 아베는 처음으로 아버지 신타로에게 정면으로 맞서며 강력하게 반발했다.

"나도 수십억 엔짜리 업무를 책임지고 있어요. 이렇게 회사를 그만둘 수는 없습니다!"

장차 총리대신까지 오르게 되는 정치 인생의 입구에서 아베를 고민하게 만든 것은 역시 가족의 숙명이었던 것이다.

3장

아버지에 대한 반발과 '결별'

가혹한 선거 운동

샐러리맨 시절의 아베와 부친 신타로 간의 '절묘한 거리'에 관해서, 필자의 기억에 어렴풋하게 남아 있는 광경이 하나 있다. 신타로가 자민당 정조회장(우리나라의 정책위의장에 해당-옮긴이)을 맡고 있던 1980년경이다. 히라카와 클럽(자민당 기자 클럽)의 정조회장 담당이었던 필자는 선거 지원을 위해 고베로 내려가는 신타로의 단독 동행 취재를 맡게 되었다.

이미 35년이나 지난 일이라 처음부터 끝까지 또렷하게 기억하지는 못하지만, 우리가 묵고 있던 호텔 레스토랑에서 신타로와 동석한 식사 자리에 아직 뿌리가 깊지 않은 어린 나무처럼 앳띤 젊은 청년이 모습을 드러냈다. 사회인에 된 지 2년째, 고베제강 뉴욕 사무소에서 가코가와 제철소로 막 이동해 온 아베였다.

"어이! 일은 제대로 하고 있는 거니?"

자리에 앉는 아베에게 신타로는 퉁명스럽게 내뱉었다. 필자도 함께 있던 자리라 쑥스러운 마음도 있었을 것이다. 그렇지 않아도 생후에 바로 모친과 이별하고 젊은 나이에 부친과 사별하면서 "고아와 매한가지(본인의 표현)"였던 신타로는, "가족에 대한 애정 표현이 서툰(양육 담당인 우메의 표현)" 면을 가지고 있었다. 그래서 아들이 제철소 현장 근무에 잘 적응하는지 걱정이 되어 불러놓고도 제대로 따뜻한 말 한마디를 하지 못한 것이다.

형인 히로노부의 진술에 의하면, 신타로는 "나는 가르쳐주지 않을 테니, 내가 하는 걸 보면서 알아서 배워라"라는 교육 방침이어서 부자간의 대화가 별로 없었던 데다가 오랜만의 만남이라 어색한 분위기가 풍기는 것은 당연했다.

불편한 분위기를 느끼고 자리를 뜨려던 필자는 "괜찮다"는 신타로의 만류에 다시 주저앉았는데, 서투르지만 후계자인 아들을 걱정하는 신타로의 '부모 마음'을 느낄 수 있었다.

필자는 앞에서 어린 시절부터 "아빠 뒤를 이을 거야"라고 이야기해왔던 아베가 대학에 들어가면서 자신이 지향해야 할 길을 잃어버린 후, 유학을 떠난 미국에서 향수병에 걸려서 고생하다 아버지의 명령으로 인해 납득이 가지 않은 채로 중도 귀국, 고베제강에 취업하면서 겨우 일에 자신감이 붙기 시작한 것까지를 되짚었다.

필자가 처음 목격한, 사회인이 된 젊은 아베는 아직 '방황'의 한가운데 서 있는 듯한 모습이었다.

그해 6월에는 헌정사상 처음으로 중·참의원 동시 선거가 치러졌다. 정치인 가족에게 있어서 선거는 총력전이다. 히로노부와 신조 형제도 학생 시절부터 선거철이 되면 지역구로 내려가 후원자를 찾아다니면서 인사를 하거나 지원 연설을 하는 등, 부친의 선거 운동을 도와왔다.

아베에게는 지원 연설에 대한 뼈아픈 추억이 있다.

"학생 시절, 처음으로 아버지의 개인 연설회에서 지원 연설을 맡았는데, 무대에 올라서자 머릿속에 새하얗게 되어 거의 아무 말도 하지 못했다. 이래서는 나는 도저히 (정치가가 되는 것은) 안 되겠구나 하고 생각했을 정도다(아베)."

그러나 아베는 "나중에 경험을 쌓으면 어떻게든 소화할 수 있게 된다는 것을 깨달았지만, 이때만 해도 아직 순진했고 많은 사람들에게 신뢰를 받는다는 것이 어렵게 생각되던 때라, 정치가가 된다고 해도 일단 회사에서 경험을 좀 쌓아야만 하지 않을까 하는 생각을 가지고 있었다"고 덧붙인 것처럼, 정치가를 지향하겠다는 의지를 결코 버리지 않고 있었다.

어쨌든 아베에게는 경험을 쌓을 기회가 부족하지 않았다. 고베제강 입사 시 신타로와 회사 고위급 사이에서는 "선거 시에는 아들의 도움을 받겠다"는 약속이 있었다고 한다. 선거를 돕는 것이 "싫어서 견딜 수 없었다"는 형 히로노부와 달리, 부친의 선거 지원에 적극적인 태도를 가지고 임하던 신조였지만, 체력적으로 힘들고 가혹하기는 마찬가지였다.

중·참의원 동시 선거는 더 힘든 싸움이었다. 아베는 금요일에 일을 마치면 고베에서 침대 열차에 급히 뛰어들어 부친의 선거구인 시모노세키로 향했다. 토, 일요일에는 트럭을 개조해서 만든 유세 차량을 타고 하루 종일 지역구를 돌며 선거 운동을 돕고, 일요일 밤에 그 유세 차량으로 시모노세키 역까지 달려가 막차인 침대 열차에 올라탔다. 그리고 월요일 아침에 열차가 가코가와에 도착하면 바로 공장으로 직행했다.

선천적으로 허약 체질인 아베가 혹독한 스케줄을 소화하는 것을 보다 못한 우메는 "몸에 안 좋은데 어떻게 해보지 않겠니?"라며 은연중에 회사에서 휴가를 얻을 것을 권유했다고 한다. 우메에 따르면, 아베는 고지식한 말로 우메의 권유를 뿌리쳤다고 한다.

"그건 곤란해요. 직장에서는 동료들이 모두 교대로 휴가를 얻고 있는데 마음대로 휴가를 내버리면 다른 사람에게 폐를 끼치게 돼요. 월요일 아침에 맞춰서 공장에 복귀하기 위해서는 이 방법밖에 없어요."

이때의 선거에서 신타로는 수석 당선을 달성했다. 그러나 장에 지병이 있던 아베는 생소한 공장 현장 근무에서 오는 스트레스에 더해, 부친의 선거 지원으로 인한 과로가 누적되었던 것 같다. 앞에서 말한 대로, 그해 여름 컨디션이 무너지면서 약 2개월간 입원과 요양 생활을 한 후 "현장 근무는 무리"라는 판단하에 도쿄 본사로 이동하게 되었다.

부친의 '소집 명령'을 무시하다

신타로가 아들에게 "비서관이 되라"고 돌연 명령한 것은 제1차 나카소네 내각의 조직 당일(1982년 11월 27일 토요일), 외무대신에 취임한 밤이었다고 한다. 정확히 신타로는 이렇게 말했다고 한다.

"네가 비서관이 되고 싶다면 해봐라. 모레(월요일)부터다."

말문이 막힌 아베에게 신타로는 을러대듯이 말했다.

"나는 말야, (장인인 기시의 비서관이 되었을 때) 그다음 날로 신문사를 그만두었다고."

부친의 비서관이 된다는 것은 명실상부하게 후계자로 인정받았다는 것을 의미한다. 드디어 "아빠 뒤를 이을 거야" 하던 목표에 한발 다가서는 낭보임에 틀림없다.

그러나 아베는 저항했다. 부친의 일방적인 말투에 대한 반발심도 있었지만, 그것보다 정치가의 길을 걸을 각오가 아직 명확히 서지 않았기 때문이다. 어쩌면 항상 엄격한 아버지 관리하에서 '자유'를 잃게 되는 것이 싫다는 응석받이 같은 면이 남아 있었기 때문일지도 모른다.

아버지의 일방적인 한마디에 아베가 고개를 돌린 채 부자의 기싸움이 시작되었다. 마치 어린 시절 반나절 동안이나 거실에서 서로 노려보던 사건의 재연 같았다.

그다음 주, 비서관 취임을 거부하고 있던 아베에게 '정략 취업'을 기획한 바 있는 고참 비서 A씨가 찾아와 설득에 나섰다.

"자네, 부친이 말씀하신 비서관 일은 어쩔 생각인가?"

아베는 불만을 토로했다.

"제가 알 게 뭐예요. 저도 회사에서 수십억 엔이나 되는 큰 비지니스를 맡고 있단 말이에요. 집안 사정으로 갑자기 그만두면 회사에 폐를 끼치게 된다고요. 저는 그렇게 하기 싫어요."

구보 우메는 아베를 평가하면서 "한번 그렇게 생각하면 꿈쩍도 하지 않는다"고 이야기했는데, 고집을 피우기 시작하면 남의 말은 전혀 듣지 않으려는 그의 성격에 대해서는, 지금껏 성장 과정을 읽은 독자들이나, 총리대신으로서의 각종 언행을 보고 있는 많은 국민들이나, 이미 충분히 알고 있을 것이다. 더구나 아버지와의 기싸움은 자신을 인정하지 않는 아버지에 대한 어필이었으며, 접촉이 적었던 아버지와의 왜곡된 스킨십이었다는 특수한 사정도 뒤섞여 있기에 한층 복잡했다.

그러한 아베의 마음을 잘 알고 있는 A씨는 조금 냉각기가 필요하다고 판단해서 더 이상 끈질기게 말하지 않았다.

"아버지가 말씀하신 것을 좀 생각해 봐야 하지 않겠니? 너의 답을 기다리고 있겠다"라고 말한 후에 한발 물러나 아베의 마음이 변하기를 기다렸지만, 1주일이 지나도록 감감 무소식이었다.

그런데 학창 시절까지는 부자간의 싸움이 가정 내의 문제로 끝나지만 사회인이 되면 그렇게 되지 않는다. 아베의 입사는 소위 인맥과 정략에 의해 결정된 것으로, 고베제강은 거물 정치가인 신타로의 후계자인 아베를 일시적으로 맡은 셈이어서, 신타로가 "돌려달라"고 하면 언제든지 흔쾌히 돌려보내야 하는 것이다.

아베의 완강한 퇴직 거부로 인해 고베제강의 고위급은 큰 혼란에 빠져버렸고, 그로부터 2주간 회사 차원에서 전대 미문의 '퇴직 설득 작전'이 전개되었다.

다리를 떠는 버릇이 있던 신타로는 원래 성질이 급하고 다혈질이다. 외무대신 취임 후에도 정무비서관의 부재가 계속되는 이례적인 사태에 애를 태우며 고베제강의 수뇌부에 연일 전화를 넣어서 "아들 목에 방울 하나 달지 못하고 도대체 뭘 하고 있는 거야!"라고 재촉했다.

수습에 나선 A씨가 이렇게 회상한다.

"고베제강 총무부장이 '대신께서는 성화를 내시지만 본인이 원하지 않는 한 해고할 수는 없는 노릇이다. 사장도, 부사장도 골치 아파하신다'고 울상이 되어 하소연을 해왔다. 회사 측은 밤사이에 신조 씨의 책상을 치워버리고 아침에 신조 씨가 회사에 나오면 '출근하지 말라'고 통지하는 강제 수단까지 검토해 보았지만, 이 방식은 불상사를 일으킨 사원을 해고하는 비상 수단으로 노조의 동의가 없으면 불가능하다고 설명했다."

그런데 아베는 비서관이 될 생각이 없었던 것은 아니었던 것 같다. 이즈음 세이케이대학 양궁부 시절의 친구에게 심경을 털어놓았다.

"아버지가 비서관이 되라고 하셔서 회사를 그만두어야 하는데 회사에는 뭐라고 설명하면 될까 고민하고 있어."

친구는 "어찌 되었든 상사께 상의를 드려서 양해를 구해야 한다"라고 충고했다고 한다.

퇴로를 차단한 '헹가래'

부자 사이에 끼어서 곤란해진 고베제강 고위부는 "이제는 친한 상사에게 설득을 맡겨볼 수 밖에 없다"고 판단하고, 앞서 언급한 '기묘한 업무'를 지시했던 아베의 직속 상관인 과장에게 "어떻게든 하라"고 하는 긴급 명령을 내렸다.

'못 이기는 척 고집을 꺾을' 타이밍을 놓친 채 진퇴양난에 빠진 아베의 모습은 과장의 눈에 "매일같이 풀이 죽어 있는 것처럼 보였다"고 한다. 드디어 마음을 굳힌 과장은 "같이 식사하러 나가지"라며 아베를 불러냈다.

연거푸 술잔을 기울이던 과장은 본론을 꺼냈다.

"비서관 제의가 온 것 같은데 어떻게 할 생각인가?"

신뢰하는 과장 앞에서도 아베는 계속 정론을 펼치며 저항했다.

"제가 갑자기 그만두면 지금 맡고 있는 일들은 어떻게 됩니까?"

"개인 사정으로 멋대로 그만두면 상사와 동료들에게 폐를 끼치게 됩니다."

"일이 막 재미있어지려고 하는데 왜 그만두어야 하나요?"

이야기를 들으면서 과장은 아베가 정치를 계승할 생각은 있지만 아직 마음을 정하지 못하고 있다고 판단했다. 아베의 말 한마디 한마디에서 "정치계에 뛰어드는 것은 싫지 않다"는 기분이 느껴졌다고 한다.

말없이 아베의 말을 듣고 있던 과장의 술잔이 점점 비워져가는 가운데 드디어 아베도 입을 다물고 말았다. 과장은 "이것이 마지막이라는 심경"으로 천천히 아베에게 말을 건넸다.

아베의 등을 떠밀어 인생의 기로가 된 대화를 과장의 말을 들어 재현해 보겠다.

"자네는 운이 좋아. 이런 게 폐라면 아주 좋은 폐를 끼치는 거야. 동료들도 기꺼이 남은 일을 처리해 줄 것이고 모두 힘을 모아 자네 일을 도와줄 테니 그 점은 걱정하지 말게. 우리들은 말이야, 이 정도의 폐라면 오히려 기쁘게 받고 싶다네. 아무것도 고민하지 말게. 자네 마음은 잘 알고 있어.

인간은 어떤 일에 실패하게 되면, 그때 이렇게 했으면 좋았을걸, 하고 과거 탓으로 돌리지. 정치가도 예외가 아니야. 낙선하기라도 하면 과거의 그때 이랬으면 좋았을걸, 하는 말을 입에 담지. 자네가 정치가가 되겠다고 결심했다면 후회할 만한 일을 남기지 않는 편이 좋아. 이번이 인생을 결단할 때라고 생각하고 오늘 밤 아버님께 가서 '하겠습니다'라고 이야기하고 오게. 그걸로 만사 해결된다네. 알겠지?"

미동도 없이 이야기를 듣고 있던 아베의 눈에서 눈물이 주룩주룩 흘러 내렸다.

"그렇게까지 말씀해주신다면 저도 결단을 하겠습니다. 심려 끼쳐드려서 죄송합니다. 그동안 정말 감사했습니다."

신타로의 말에도, 회사 고위층의 말에도 귀를 기울이지 않았던 아베가 드디어 뜻을 굽힌 순간이었다.

과장이 말한 대로, 그날 밤 아베는 신타로에게 비서관에 취임할 뜻을 전했다.

"오늘 밤, 상사와 이야기해서 퇴직에 대해 양해를 얻었습니다. 비서관이 되겠습니다."

신타로는 "그래, 잘됐구나. 다시 새로운 세상에 발을 디디게 되겠지만 잘 부탁한다"라고 아들에게 고마움을 전했다.

이 이야기에는 후일담이 있다. 다음 날 아침, 막 출근한 과장을 찾아 사무실로 내려온 상사는 "어떻게 되었나?"라며 걱정스런 얼굴로 물었다. 과장이 "OK 했습니다"라고 하자, 상사는 금세 표정을 누그러뜨리며 "잘되었군, 좋아! 오늘 아베 군과 같이 셋이서 식사라도 하세"라고 말했다.

그러나 과장은 상사의 말을 거절했다.

"안 됩니다. 오늘은 우리 과에서 아베 군을 위해서 송별회를 할 겁니다."

과장은 아베에게 한 번 더 '못'을 박을 생각이었다. 그리고 "회식비가 필요합니다"며 상사에게 다짐을 받은 후에 책상 서랍을 열어서 영수증을 긁어모아 경리에게 보내어 송별회 군자금을 마련했다.

부자의 기싸움에 마침표가 찍혀서 정신적으로 해방되었기 때문일까. 그날 회사에 출근한 아베는 "여느 때와 같은 밝은 얼굴의 아베 짱(과장의 표현)"으로 돌아와 있었다. 그날 밤, 같은 과 동료 전원이 국회에서 가까운 도쿄 아카사카[赤坂]로 출동했다. 아베는 술은 거의 마시지 않았지만 2차, 3차를 거치면서 "다 같이 가라오케에서 노래하며 흥겨워했다(아베의 회고)"고 한다.

밤이 깊어지고 송별회는 막을 내렸다. 가게를 나와서 길거리에 선 동료들 사이에서 "자, 그럼 해볼까"라는 소리가 들려왔다. 즉시 "시작!" 하는 구령 소리와 함께 동료 전원이 아베를 들어 올려 몇 번이고 공중으로 헹가래를 쳤다.

아베는 당혹스러워하면서도 기쁜 얼굴로 몇 번이나 공중에서 팔다리를 휘저으며 춤을 추었다.

"고맙습니다."

손을 흔들며 작별 인사를 하는 아베의 얼굴에서 눈물 자국을 본 것을 과장을 비롯한 동료 직원 모두가 기억하고 있었다.

아베가 '승낙'한 후에 숨 돌릴 틈도 주지 않고 '이별 의식'을 서두른 것에는 아베의 마음이 바뀌지 않도록 퇴로를 차단하고 부친에게 보내주겠다는 과장과 동료들의 마음이 들어 있었다.

청사에서 사라지는 외무대신 비서관

이렇게 해서 아베는 외무대신의 정무비서관이 되어 갑자기 정치의 세계로 던져졌다. 그러나 새로운 직장을 맞이하는 아베의 각오는 '의기양양'에는 미치지 못하였으며, 일에 대한 의욕도 그렇게 강하지 못했다.

비서관이라고 해도 외교에 관한 공무는 커리어 관료(국가공무원 상급직 시험을 통과한 엘리트 관료-옮긴이)가 전담한다. 정무비서관은 지역구와 업계의 진정 내용이나 선거 관련 등 국회의원으로서의 활동(정무)을 담당하는 것이 주 업무다.

그러나 총리대신과 자민당 총재를 목표로 하는 실력파 정치가였던 신타로의 사무실에는 정무에 정통한 베테랑 비서가 이미 여러 명 포진해 있었기 때문에, 막 들어온 아베에게는 이렇다 할 업무가 없었다.

정확히 말하면 '장식용' 비서였던 것이다.

형 히로노부는 당시의 아베의 심경을 이렇게 이야기했다.

"아베에게 있어서 비서관 경험은 무척 중요했다고 생각되지만, 처음에는 '할 일이 없어서 심심하다'고 이야기했다."

외무성에 등청하기 시작한 무렵, 아베는 이상한 행동을 자주 했다.

정무 비서관은 외무성 청사 내에 개인 사무실을 배정받는데, 사무실에는 이미 부친의 베테랑 비서들이 진을 치고 아베와 책상을 나란히 하고 있었다. 같은 비서실에서 일하던 모 비서의 회상에 의하면, 아베는 비서관실에 얼굴을 비춘 후에 조금 지나면 "그럼"이라며 사라져버리는 날이 많았다고 한다.

"대장(신타로)의 후계자라고 해도 신입 비서관이기 때문에 어디까지나 처음에는 견습생 신분이다. 청사에서는 할 일이 별로 없어서 있기 불편했을지도 모르겠다. 갑자기 없어지는 경우가 종종 있었는데 어디로 갔는지 알지 못했다. 청사 직원도 '신조 씨가 또 도망쳤나 봐요'라며 투덜대곤 했다."

우메 역시 정무 비서관 취임 직후의 아베의 기이한 행동을 보게 되었다.

외무성에서 집에 돌아온 후, 급하게 식사를 마친 아베는 행선지를 알리지도 않고 외출하는 날이 계속되었다. 그리고 항상 깊은 밤이 되어서야 박스를 안고 집으로 돌아왔다.

어느 날, 아베가 외출하는 모습을 본 우메가 "이렇게 늦은 밤에 어딜 가니?'라고 말을 걸었다. 아베는 "회사에 다녀올게요"라고 대답하고 집을 나서서 총총히 어둠 속으로 사라졌다.

유년기부터 "정리정돈이 서툴렀다(우메)"는 아베는 급작스럽게 회사를 그만둔 탓에 미처 치우지 못한 고베제강의 책상과 사물함을 정리하기 위해 다녔던 것이다.

물론, 외무대신 비서관이 단순히 그런 이유 때문에 밤낮을 가리지 않고 모습을 감추었다고는 생각하기 어렵다. 전 동료의 말에 따르면 회사를 찾아온 아베는 "야근 중이던 옛 직장 동료들과 잡담을 나누는 일이 많았다"고 한다. "분야가 전혀 다르고 지루한 비서관 업무가 낯설었던 탓에 마음 둘 곳을 찾고 있었던 것이 아닐까요"라는 것이 우메의 말이다.

나카소네 정권 시절, 3년 8개월이라는 오랜 기간 동안 외무대신을 맡았던 신타로는 총 39회의 외유를 통해 방문한 81개 국가에 아베를 비서관으로 동행시켜 정치와 외교를 배우도록 했다.

아베에게는 옛 둥지였던 고베제강에 은혜를 갚을 기회가 찾아오기도 했다.

당시 일본의 원조로 아프리카 잠비아에 플랜트를 건설하는 일을 고베제강이 담당하고 있었다. 가코가와 제철소 시절의 옛 동료가 그 팀의 일원으로 참가했는데, 그로서는 첫 번째로 맡은 해외 안건이었다고 한다. 동료는 아베에게 "준공식 때 아베 외무대신의 친서라도 받을 수 있게 해달라"고 부탁했고, 아베는 "내가 직접 가져갈게"라며 부친이 친서를 가지고 잠비아까지 날아가서 당시의 우간다 대통령과 정부 요인들 앞에서 영어로 축사를 했다.

"아베 씨는 '자, 그럼!'이라는 인사말을 남긴 채 바로 일본으로 돌아갔지만, 그의 의리에는 진심으로 감사했다"고 옛 동료는 회고했다.

조슈포 반환 교섭

비서관 시절, 아베는 북한의 일본인 납치 사건에 관여하는 계기가 되는 만남을 가지게 된다. 그에 대해서는 뒤에 자세히 다루기 때문에 여기서는 언급하지 않겠다. 아베가 비서관 시절에 북한의 납치 사건 외에 유난히 집착한 주제가 하나 더 있다. 프랑스와의 '조슈포[長州砲]' 반환 교섭이다.

조슈포는 하기[萩] 번(조슈 번의 별칭, 현재 야마구치 현-옮긴이) 소속의 무사들에 의해 1844년에 제작된 목조 대좌(木造台座)가 붙은 청동제의 대포(16.5미터)로, 1864년에 조슈 번이 미국, 영국, 프랑스, 네덜란드의 4개국 군함과의 전쟁(시모노세키전쟁)에서 패배하자 프랑스군이 전리품으로 가져가서 파리의 앵발리드 군사박물관에 전시되어 있었다.

신타로의 지역구인 야마구치에서는 조슈포의 반환을 추진하고 있었지만, 프랑스는 "전리품은 반환하지 않는다"는 입장이었다.

외무대신에 취임한 신타로는 지역구의 요청을 받아들여 당시 프랑스 대통령인 미테랑과 면담한 자리에서 조슈포의 반환을 요청했다. 그러나 미테랑 대통령은 "국가 재산을 반환하기 위해서는 국회 의결이 필요하다"며 완곡하게 거절했다.

신타로는 아들에게 경험을 쌓을 수 있는 기회를 주기 위해서 "네가 한번 해봐라"며 지역구의 요청을 처리하는 일을 아베에게 맡겼던 것이다. 아베도 아버지와 마찬가지로 "조슈인으로서의 피가 들끓었다"고 한다.

프랑스를 담당하는 외무성 서유럽 제1과장이 "아베 씨 아들이 너무 시끄러워서 견딜 수 없다"고 하소연했을 정도로 사무력을 총동원하여 교섭을 진행했고, 일본이 모리[毛利] 가문(조슈 번의 번주-옮긴이)에 대대로 내려오는 갑옷을 대여해 주는 대신, 프랑스에서 조슈포를 대여받는 '상호 대여 방식'을 짜내어 합의를 끌어냈다.

조슈포는 1984년에 일본에 대여되어 야마구치의 조후박물관에 전시되었다.

신타로가 외무대신에 취임한 후, 필자는 외무성 캡틴(외무성 출입 기자팀의 반장-옮긴이)으로서 동서 냉전의 최종 단계에서 벌어진 '창조적 외교'를 1년간 취재했다. 그중에서 "내정은 비둘기파, 외교는 매파"라고 하던 신타로에게 "이 복잡한 국제 정세 속에서 외교의 핵심으로 중요시하는 것은 무엇입니까?"라고 물었던 적이 있다. 대략 다음과 같은 대답이 돌아왔던 것으로 기억한다.

"매파라는 것은 무슨 일이든 힘을 잔뜩 주고 강경하게 상대와 맞선다는 의미가 아니다. 기죽거나 주눅 들지 않고 일본의 입장을 주장하는 것이 무엇보다 중요하며, 그를 위해서는 연약해지면 안 된다는 것이다. 단, 하고 싶은 말만 하는 것으로는 상대의 마음을 움직일 수 없다. 무엇보다 '성실'이라는 두 글자가 받쳐주지 않으면 신뢰 관계는 생기지 않으며 신뢰 관계 없이는 외교도 성립되지 않는다."

후에 필자는 이 말을 회상하면서 아베에게 "비서관 시절에 부친에게 배운 것은 무엇인가?"라고 질문한 적이 있다. 아베는 이렇게 대답했다.

"아버지는 외무대신 시절에 미국의 슐츠(George Pratt Shultz) 국무장관과 처음 만난 자리에서 '앞으로 서로 어떤 기회든 같은 장소에 있게 되면 반드시 외교 회담을 갖자'라고 제안하셨다. 이는 일미 관계를 강화하기 위해서는 양국 외교 담당자들의 개인적인 신뢰 관계가 커다란 힘이 된다는 부친의 외교 전략을 단적으로 보여주는 모습이라고 생각한다."

이 말을 현재 아베가 보여주고 있는 외교 자세에 대입했을 때, 신타로에게 배웠을 법한 '엑기스'를 얼마나 자신의 피와 살로 만들었는지 회의를 느끼는 것은 필자만이 아닐 것이다.

아키에의 첫인상은 "30분 지각한 여자"

외무대신 비서관 시절, 아베는 커다란 '만남'과 '이별'을 경험한다.

만남의 상대는 모리나가 제과 사장의 영애였던 마쓰자키 아키에[松崎昭恵]다. 반려자가 된 여성이다.

아베가 아키에와 처음 만난 것은 1984년 "신주쿠의 주점 같은 곳(아베의 표현)"이었다.

당시 덴츠(일본의 광고 회사-옮긴이)에 근무하던 아키에는 아베의 친구로부터 "좋은 남자가 있는데 한번 만나보지 않을래?"라며 소개를 받았다. 아키에의 첫인상을 아베는 이렇게 이야기했다.

"약속 시간에 30분이나 늦게 오는 바람에 사람을 오래 기다리게 하는 아가씨군, 싶어서 첫인상이 별로 좋지 않았다(웃음). 그래서 처음에는 나도 무뚝뚝하게 굴었다. 더구나 이쪽이 8살이나 연상이니 말이다. 하지만 대화는 무척 잘 맞는 편이라 즐거웠다. 다시 한 번 더 만나기로 하고 그 후로 함께 식사도 하고 골프도 같이 했다."

한편 아키에가 본 아베의 첫인상은 어떠했을까?

"좋은 사람이라고 생각했습니다. 그렇지만 정치가 아내는 힘들 것 같아서 처음에는 사귀는 걸 꺼렸어요."

이러한 두 사람은 3년간의 교제를 거쳐 1987년 6월에 화촉을 밝히게 된다. 그해 5월에는 형 히로노부도 우시오전기의 회장 영애와 결혼식을 올렸다.

전도양양한 아베 가문이었지만, 이 시기에 '쇼와의 요괴'라고 불리며 전후의 일본 정치계에 오랫동안 은밀한 영향력을 행사해 오던 90세의 외조부 기시 노부스케는 감기가 악화되어 입원, 파란만장했던 인생의 마지막 장을 맞이했다.

어머니 요코는 "형제 중 한 명은 결혼식을 뒤로 미룰까도 생각했지만, 결혼식 후에 장례식은 할 수 있어도 장례식 직후에 결혼식을 올릴 수는 없기 때문에"라며, 기시가 살아 있는 동안에 손자며느리를 보게 해주고 싶다는 생각이 있었다는 것을 밝혔다.

"할아버지가 살아 계신 동안 결혼할 수 있어서 기뻤다. 할아버지는 입원 중이라 결혼식에는 참석하지 못하셨지만 비디오로 보시고 기뻐하셨다(아베)."

그리고 경애하는 할아버지 기시와의 이별의 순간이 다가왔다.

아베의 결혼식 후 2개월이 지난 8월 7일, 손자들의 결혼을 지켜본 기시는 조용히 생애를 마감했다.

"임종에는 맞춰서 도착했지만, 벌써 의식이 없으셨다. 호상이었다.

병원에 문병을 가면 언제나 온화한 미소로 기뻐해 주셨다. 지금 생각하면 좀 더 자주 병원을 찾아갔으면 좋았을걸, 하는 후회가 있다."

아베는 임종 직전의 외조부의 모습을 이렇게 묘사했지만, 사실은 기시는 생전에 일부러 병실로 아베를 불러 이런 유언을 남겼다.

"참의원 선거에 나가지 않겠니?"

1987년 7월, 야마구치에서 당선된 자민당 참원 의원인 에시마 아쓰시[江島淳]의 급사로 야마구치 선거구에서 보궐선거가 예정되어 있었다. 정치 세계에서 'if(만약)'는 통하지 않는다. 그러나 만일 이때 참원 의원 출마가 현실화되었다면 지금의 '총리대신 아베 신조'가 있었을 지 어떨지 알 수 없다. 죽음을 눈앞에 둔 기시는 자신이 살아 있는 동안에 손자가 정치세계에 들어서는 모습을 보고 싶었던 것이리라. 아베는 이렇게 술회했다.

"국회의원이 되라는 말씀을 한 번도 한 적이 없는 할아버지가 그런 말씀을 하신 것은, 여명이 얼마 남지 않았다는 것을 아시고 내 마음을 확인하고 싶었던 것이다. 요컨대 할아버지는 기회를 잡는 것이 중요하다고 말씀하시고 싶었던 것이 아닐까 싶다."

기시의 말에 아베는 출마 쪽으로 마음이 기울었고, 지역구인 야마구치에서도 부친인 신타로의 후원회를 중심으로 후보 옹립의 움직임이 있었다. 그러나 출마는 꿈으로 끝이 났다.

에시마의 아들인 기요시[潔](후에 참원 의원)가 출마 의지를 표했으며, 신타로가 그를 지원하겠다는 언질을 주었기 때문이다. 신타로와 라이벌 관계에 있었던 야마구치 출신의 자민당 유력 의원이 비공식적으로 제지했다는 사정도 있었다.

신타로는 지역구에서 아베 옹립을 재촉하는 현의원들을 모아놓고 이렇게 단언했다.

"신조의 출마는 무리다. 에시마 군에게 뒷일은 알아서 하겠다고 말해 놓았는데, 아들을 내보낼 수 없다."

결국 보궐선거에는 아베도 에시마도 아닌 우베[宇部] 시장 출신의 후타쓰기 히데오[二木秀夫]가 출마해서 당선되었다.

사실은 전에도 아베에게는 꿈으로 끝난 출마 계획이 있었다.

신타로의 지반인 시모노세키와 간몬[關門] 해협을 사이에 둔 기타큐슈[北九州](구 후쿠오카 4구)에서 아베를 중의원에 출마시키려던 움직임이 있었다. 신타로의 비서가 분위기를 조성하고 기타큐슈의 고쿠라[小倉]에 선거 사무실까지 마련하는 등 관련 준비를 마쳤지만, 이 건도 신타로가 후쿠다 다케오에게서 파벌을 물려받아 자민당 총무회장(우리나라의 원내총무에 해당-옮긴이)으로 취임하면서 바빠지는 바람에 자연 소멸되어 버렸다.

만일 아베가 부친의 견고한 지반을 물려받지 못하고, 정권의 풍향에 따라 당락이 좌우되는 도시형 선거구인 구(舊) 후쿠오카 4구에서 출마했다면 그의 장래는 크게 바뀌었을 것이다.

그러나 꿈이었을지라도 이 일은 현실에 영향을 미쳤다. 아베의 참의원 보궐선거 출마를 단념시킨 모임에서 신타로는 아들의 장래에 대해 현의원들에게 이렇게 언급했다.

"나는 앞으로 10년간 더 뛰겠다. 신조가 출마하는 것은 내가 그만둔 후다."

신타로는 처음부터 아들을 곁에 두고 글자 그대로 자신의 후계자로서 수행을 시키겠다는 방침이었을 것이라고 필자는 생각한다. 자신의 지역구를 물려주겠다는 것 외의 선택지에 대해서는 별로 생각하지 않았던 것이리라.

이때쯤, 신타로는 필자에게 "신조는 정치가에게 필요한 정이라는 게 없어. 저래가지고는 아직 멀었어"라고 털어놓은 적이 있다. 지금에 와서 그 말을 자주 떠올리게 되는데, 아베도 필자와의 인터뷰에서 "아버지로부터 '너는 인간으로서 상대방에 대한 배려가 부족하다'고 자주 꾸중을 들었다"고 밝힌 적이 있다.

단기간에 두 번이나 국회의원으로 데뷔할 기회를 놓친 아베지만, 그 후 정치가로서의 인생에서는 운이 크게 따라주었으며 할아버지의 조언대로 기회를 적극적으로 쟁취해 나간다.

고이즈미 정권 시절, 관료 경험이 전무한 상태에서 자민당 간사장 취임 의사를 타진받았을 때도 주저하지 않았으며, 포스트 고이즈미를 다투는 자민당 총재 경선에서는 후견인인 모리 요시로[森喜朗]가 "아직 이르다"고 말리는 가운데도 출마에 나서 총리와 총재의 자리를 낚아챘다. 그리고 2012년의 총재 경선에서는 모두가 불리하다고 판단하는 가운데서도 출마를 감행, 총리 재취임을 위한 길을 개척했다.

'나카소네 판정'과 아버지의 좌절

반면, 아버지 신타로는 아베와 대조적인 인물이었다. 총리와 총재로 유력시되는 가운데서도 기회를 놓치고, 정상의 문턱에서 병으로 쓰러져 안타까운 죽음을 맞이했으니 말이다.

아베는 외무대신 비서관 이후에 아버지의 지위를 따라 자민당 총무회장 비서, 간사장 비서를 역임했다. 국익을 걸고 각국의 수뇌들과 치열한 논의를 펼치는 외교 무대는 '테이블 위의 전쟁터'라고 불리는 데 비해, 자민당 당내는 권모술수가 들끓는 권력투쟁의 전쟁터였다.

아베는 180도 변신한 신타로가 권력투쟁의 한가운데로 뛰어들었던 2년 10개월 동안 처음으로 그 치열함과 비정함을 온몸으로 체험하게 된다.

아베는 당시를 회상하며 "체력과 신경을 써가며 생명을 갉아먹어

가면서도 정치가로서의 뜻을 관철하려 했던 정치가 신타로의 장렬한 삶을 보았다"고 이야기했다.

신타로에게 있어서 총리 자리에 오를 수 있는 처음이자 마지막 기회는 포스트 나카소네의 총재 경선이었다. 1987년 11월, 5년간의 장기 집권을 자랑하던 나카소네 총리가 물러났다. 신타로는 라이벌인 다케시타 노보루[竹下登], 미야자와 기이치[宮沢喜一]와 함께 총재 경선 후보에 이름을 올렸다. 총재 경선은 투표가 아닌 '안치쿠미야[安竹宮]'의 3인방이 정하기로 의견이 모아졌으나, 세 사람은 누구 하나 양보하려 하지 않았다.

지금 새삼 사람들의 입에 오르내리고 있는 것이, 당시 도쿄의 아카사카 프린스 호텔 901호실에서 정오부터 무려 9시간 가까이 진행되었던 아베와 다케시타의 단일화를 위한 회합이다.

"다케 짱, 나는 절대로 물러나지 않을 거네."

"아베 짱, 게세카이[経世会](다케시타가 중심이 된 자민당 파벌-옮긴이) 외에도 다른 파벌이 나를 지지하고 있어. 나로서도 물러설 수 없는 입장이네."

조슈인 기질이 강한 신타로의 밀어붙이기 승부를 잘 알고 있던 다케시타 파벌의 7인의 실력자 중 한 사람인 가지야마 세이로쿠[梶山静六]는 "밀어붙이면 그냥 침묵하세요"라고 다케시타에게 충고했다. 다케시타는 신타로의 압력에 압도되어 목구멍에서부터 올라오는 "아베 짱, 그럼 자네가 해"라는 말을 겨우 삼키며 신타로의 밀어붙이기를 침묵으로 버텨냈다

'안치쿠미야'가 치열한 경쟁을 계속하는 도중에 '아베 유력설'이 보

도되었고, 바로 뒤를 이어서 이번에는 세이부 철도 회사 사장인 쓰쓰미 요시아키[堤義明]를 발원지로 하는 미야자와 지명설까지 흘러나왔다. 그때마다 세 진영은 일희일비하는 등 권력 싸움은 안팎으로 치열함을 더해갔다. 결국 대화를 통한 조정은 이루어지지 않았고 나카소네가 후계자를 지명하기로 했다. 그리고 나카소네가 판정서에 쓴 이름은 '다케시타 노보루'였다. 이것이 세상에서 말하는 소위 '나카소네 판정'이다.

"정치는 숫자, 숫자는 힘." 다나카 가쿠에이가 당당히 공언하던 '수의 논리' 전성 시대에서는 대화를 통한 조정 역시 숫자가 힘을 갖는다. 당시의 파벌 세력은 다케시타파가 114명으로 월등했으며, 미야자와파가 89명, 나카소네파가 87명, 아베파는 86명으로 제4파벌에 지나지 않았다.

아베파 내에서는 '절대 저항론'이 나왔지만 '수의 논리'를 고려하면 결과를 되돌리기는 무리였다.

부친의 비서로서 이 전투의 가운데에 있었던 아베는 후에 이렇게 회상했다.

"투표까지 가보자고 하는 사람들도 있었다. 그러나 처음부터 표(파벌의 인원수)가 다르니까 전략을 세울 수 없었다. 하지만 판정 결과는 역시 충격적이었다. 늦은 밤, 집으로 돌아오는 차 안에서 아버지가 '뭐, 어쩔 수 없는 건가'라며 불쑥 던진 말을 기억하고 있다."

신타로는 다케시타에 패배했지만, 자민당의 2인자인 간사장(우리나라의 사무총장에 해당-옮긴이) 자리에 발탁되어 차기 총리가 유력해졌다. "안치쿠[安竹]의 우정은 싸움이 끝나고 해가 저물어도 끊어지지 않았다(신타로 측근의 말)"라는 것이다.

자택에서 기다리고 있던 아베파 간부는 전원 비분강개했다. 그러나 신타로는 "모처럼 기대를 많이 했을 텐데 이런 결과가 되어버려서 미안하네. 그렇지만 이번엔 이걸로 충분하다고 생각하네"라며 안타까운 결과에도 담담함을 잃지 않았다.

옆에서 듣고 있던 아베는 부친의 심중을 헤아리고 있었다.

"다케시타가 총리가 되면 당신이 간사장이 된다. 그렇게 되면 다음번에는 틀림없을 것이라는 확신이 있었기 때문에 나카소네 판정을 2보 전진을 위한 1보 후퇴라는 전향적인 자세로 받아들이고 때를 기다리기로 마음을 정하신 것처럼 보였다. 지나간 일에 집착하지 않는 낙천적인 아버지다웠다."

나중에 술자리에서 신타로에게 당시 판정 결과에 대해서 물었다.

"그때는 저돌적으로 공세를 폈지만 마지막에는 깨끗이 승복하고 결과에 담담해하셨는데, 솔직한 본심은 어땠나요?"라고 물은 필자에게 신타로는 이렇게 이야기했다.

"우리들 뉴리더(안치쿠미야) 3인방은 협력 관계에 있었지만 서로 '네가 먼저 해'라고 양보는 하지 않는 암묵적인 양해가 있었다. 좀 더 말하자면 총리, 총재 경선에서는 철저하게 싸워나간다. 정치계는 실력 사회이니까 당연히 싸울 때는 싸워서 전력으로 승리를 쟁취한다. 그 대신 우리 3명 사이에는 그런 과정과 결과에 대해서 원한이 남을 만한 일은 하지 않겠다는 약속이 있었다."

그러나 신타로가 "다음번에야말로!"라고 새로운 기분으로 다시 시작했던 시기에 리쿠르트 사건(1988년)이 덮쳐왔다.

리쿠르트 사가 자회사의 막대한 미공개 주식을 이용해서 정관계와 재계에 로비를 한 전후 최대급의 뇌물 사건이다. 자민당의 주요 정치가가 의혹에 휩싸였으며 대장성대신이었던 미야자와가 책임을 지고 물러났다. 다케시타가 정치 생명을 걸었던 소비세 도입 법안을 심의 중이던 국회는 크게 요동쳤다. 자민당 간사장으로서 국회 대책 마련에 노심초사하던 신타로의 신경이 편안한 날은 하루도 없었다.

신타로는 건강이 무너지며 1989년 4월에 도쿄 오차노미즈[御茶ノ水]에 있는 준텐도대학병원에 입원한다. 그 직후에 다케시타가 사임을 표명하자 신타로는 병원을 빠져나와 후계 문제 등의 뒤처리를 위해 동분서주했지만, 결국 신타로 본인에게까지 사건의 불똥이 튀었다.

입원하기 5일 전의 석간과 다음 날 조간에 '리쿠르트 사, 아베 씨 부인에게 고문료로 약 900만 엔', '아베 씨에게도 1억 엔? 리쿠르트 사'라는 요란한 헤드라인이 춤을 췄다. 후에 도쿄지검 특수부의 수사가 신타로의 주변에까지 확대되면서 미공개 주식을 양도받았던 비서가 약식 기소되었다.

필자는 당시 신타로가 "나는 전혀 관여하지 않았다. 정말 몰랐다"라고 말한 후, 말을 잊지 못하고 망연해하던 모습을 지금도 생생하게 기억한다.

아베는 당시를 이렇게 회상한 적이 있다.

"아버지 주변은 글자 그대로 아수라장이 되었다. 자세히 설명해보는 게 어떻냐고 말씀도 드려봤지만, 아버지는 '그러고 싶지만 나도 아직 전부 파악이 안 된다'고 하시기도 하고 '정치는 네 생각만큼 단순한 게 아니다'라고 화를 내시기도 했다. 아버지는 무슨 일이든지 비서에게 맡겨두시기 때문에 '비서에게 물어보자'고 했더니 '쓸데없는 짓 하지 말라'고 하시고는 말없이 생각에 잠긴 듯 매일을 보냈다."

신타로에게는 "나는 아무 잘못도 없다"라는 생각이 강했다. 그러나 그걸로는 세상을 납득시킬 수 없다. 신타로는 뾰족한 수 없이 고립 상태에 빠져들었다.

"너는 어떻게 하면 좋겠다고 생각하니? 네 의견을 듣고 싶구나."

지금까지 한 번도 아들에게 약한 모습을 보이지 않았던 신타로가 이때 처음으로 아베에게 의견을 구했다. 아베의 회상이다.

"사실이라면 언젠가는 밝혀지기 때문에 전부 사실대로 이야기하는 것이 좋다, 세상 사람들의 분노를 충분히 고려해서 기자회견에서 질문이 나오지 않아도 스스로 모든 것을 설명하는 것이 좋다고 내 의견을 말씀드렸다. 그러나 그렇게 하지 못한 채 서거하셨다."

리쿠르트 사건은 자민당의 최대, 최강 파벌 수장으로 장기 집권이 확실시되었던 다케시타를 겨우 1년 반 만에 전격 퇴진시킨 것은 물론, 신타로와 미야자와 등의 유력 총재 후보들도 모두 실각을 면치 못하게 만들었다. 그 결과, 1989년 6월 다크호스였던 우노 소스케[宇野宗佑] 내각이 성립한다.

아베는 "그 사건으로 정계는 한 치 앞을 분간할 수 없는 암흑이라는 사실을 체험했다"고 말했다.

예상치 못한 불행은 멈추지 않았다. 정치권이 격동하던 시기에 신타로에게 병마가 엄습한 것이다. 후에 신타로의 야망을 완전히 꺾어버린 췌장암이다.

신타로가 준텐도대학병원에 입원한 것은 1989년 4월 18일이었다.

신타로의 공식적인 병명은 '총담관결석(담석)'으로 발표되었다. 암이라는 사실은 본인에게도 감추고 있었다.

입원하고 4주 후에 실시된 수술에서 신타로 본인에게는 "내장에 조금 안 좋은 부분이 있어서"라고 설명하고 췌장에서 십이지장, 위의 일부까지를 절제했다. 요코의 자서전 『나의 아베 신타로—기시 노부스케의 딸로서(わたしの安倍晋太郎—岸信介の娘として)』에는 "수술 후 나와 아들이 불려가서 (암이라는) 사실을 알게 되었다"라고 되어 있다.

그러나 사실은 다른 듯하다. 수술 직후 의사에게 처음으로 아버지의 병명을 전해 들은 자리에는 신조밖에 없었다고 한다. 그 당시의 일을 아베 본인은 이렇게 이야기했다.

"암이라는 말을 들었을 때의 충격은 엄청났다. 아버지는 다케시타 정권하에서 간사장으로서 당을 맡아왔다. 총재 경선에서 이기지는 못했지만 결과적으로 '다음(총리총재선)은 확실하다'고 여겨지면서 심기일전하여 막 재출발한 참이었다. 왜 지금인가, 왜 조금 더 기다려 주지 않는 것인가라고 수없이 생각했다."

신타로가 입원한 후, 취재 현장에서 벗어나 정치부 데스크에서 일하던 필자에게 "대장이 오셔도 된다고 합니다"라고 고참 비서의 연락이 왔다.

병상의 신타로를 문병했을 때의 광경은 잊을 수 없다.

상반신을 일으켜서 필자를 맞이한 신타로는 필자가 병상 옆에 앉자마자 갑자기 "이거 뭔지 아나?"라며 침대 머리맡의 작은 책장 위에 놓여 있던 유리병을 들어서 흔들었다. 딸랑딸랑 소리를 내는 작은 유리병 속에는 엄지손가락만 한 검은색 돌이 들어 있었다. '총담관결석'이라고 하는 병명을 본인에게 납득시키기 위해 의사가 준비한 가짜였다. 신타로는 쓴웃음을 지으며 말했다.

"이렇게 큰 돌이 몸속에 있었으니 아픈 게 당연하지."

풍채가 좋았던 신타로의 몸은 무척 말라 있었다. 그때 그가 정말로 담석이라고 믿고 있었던 것인지 아닌지에 대해서는 지금에 와서는 알 수가 없다.

다케시타 내각 총사퇴, 우노 내각 탄생, 참의원 선거에서 자민당 참패, 그리고 스캔들에 의한 우노의 사퇴……. '국정 대란'은 신타로가 입원 중이던 단 3개월 내에 벌어진 일이다.

아버지의 암 선고

의사에게 아버지가 암이라는 사실을 선고받은 아베는 이 일을 아버지에게 알려야 할지 말지 무척 고민했다. 인기 아나운서였던 이쓰미 마사다카[逸見政孝]가 기자회견을 통해 자신이 암이라는 사실을 밝혀서 큰 뉴스가 된 것이 1993년도의 일이다. 당시에는 아직 본인에게조차 암을 고지하지 않는 경우가 많았다. 아베가 어떻게 하면 좋을지 상담해준 의사는 이렇게 말했다.

"암이라는 사실을 알리면 아무리 대단한 사람이라도 충격을 받아 오히려 예상보다 빨리 죽음을 맞을 수 있습니다. 어떻게 하든지 2년은 살 수 있게 해드리겠습니다."

'여명 2년'의 선고를 받은 것과 마찬가지였다.

이날 이후, 아베에게는 "사실을 숨겨야 하는 괴로움을 경험하는 나날"

이 계속되었다. 얼마 시간이 지난 후에 아베에게 병명을 들은 요코는 "그때는 정말이지 머릿속이 새하얗게 되어버렸습니다"라고 고백했다.

이러한 격동의 1989년이 지나고 다음 해인 1990년 정월, 아베가에는 잠시 동안 밝은 분위기가 되돌아왔다. 수술 후 일시적으로 상태가 안정된 신타로가 퇴원을 허락받은 것이다. '여명 2년'이라는 선고가 내려진 것을 알지 못하는 신타로는 정력적으로 정치 활동을 재개했다.

미소 양국을 방문했고, 1990년 2월에 치러진 총선거에서는 파벌의 수장이 되어 선두에 나서 전국을 누비며 선거 지원을 했다. 몸에는 담즙을 빼내는 관을 달고 있었다.

라이벌인 다케시타에게 마지막 순간에 총리 자리를 빼앗기고 '숫자의 힘'을 뼈저리게 알게 된 신타로는 병든 몸을 이끌고 파벌의 세를 불리려고 신인 영입에 전력을 쏟은 결과, 22명이나 되는 신인을 국회로 진출시켰다. 아베파는 다케시타파에 이어서 제2파벌로 부상했다.

그러나 아버지와 동행한 아베는 괴로웠다.

"무리하시지 않게 신경을 썼지만 강하게 제지하면 '왜 말리냐'고 아버지가 화를 내셨다. 그렇다고 '아버지는 암입니다'라고 말할 수는 없는 노릇"이던 것이 무엇보다 괴로웠다.

무리한 것이 원인이 되어 신타로는 1990년 9월에 재입원한다. 드디어 아베에게 있어서 괴로운 결단의 시간이 찾아오게 되었다. "두 번째 입원하셨을 때 아버지가 '왜 이렇게 된 거냐?'라며 심각한 얼굴로 물어왔기 때문"이다. 본인이 심상치 않은 병이라는 것을 알아챘던 것이 틀림없었다. 아베는 아버지에게 병명을 알려드릴 것인가에 대해 요코와 상의했다.

"정치가로서 파벌의 후계 문제도 있으니 역시 알려드리는 것이 좋겠구나."

결심을 굳힌 아베는 아버지에게 고백했다.

"아버지는 암입니다."

어렴풋이 예감하고 있었던 것일까. 신타로는 "아…… 역시 그랬군"이라고 반응한 것 외에는 크게 놀란 것 같지 않았다. 마지막까지 신타로의 옆을 지킨 고참 비서는 다음과 같이 회상한다.

"'좋아! 이렇게 된 이상 꼭 낫고 말겠다'며 신타로 씨는 집념이 대단했고, 주위 사람들보다도 훨씬 힘이 넘쳐 보였을 정도다. '대학 교수들에게만 맡겨서는 안 돼. 그들은 학회에서 인정하는 것 외에는 아무것도 하지 않으니까. 다른 좋은 치료법이 있을 테니 너희들이 꼭 찾아와라'라고 하셔서 나와 신조 씨가 나누어서 여기저기 백방으로 찾아 다녔다.

솔직히 말하면, 병원 측은 입원 전 검사 단계에서 지금 당장 입원해서 수술하지 않으면 책임질 수 없다고까지 말했다. 그러나 신타로 씨는 '대학 교수 따위가 정치를 어떻게 알아! 내가 지금 입원할 수 있는 처지인가'라며 완고하게 받아들이지 않았다. 간사장으로서의 책임감 때문에 입원이나 수술을 생각할 수 없었던 것이다. 그러나 그때 순순히 의사의 말을 받아들여서 수술했다면 어땠을까 하는 후회가 남아 있다."

세습 정치가의 숙명은 어떤 경우에는 몹시 비정하다. 아버지가 아직 병상에 누워 있는 와중에도 신조는 부친의 의석을 이어받아 기시가, 아베가의 정치적 혈통이 끊어지지 않도록 다음 선거의 출마 준비를 시작해야만 했다. 이때부터 비서가 병상을 지키고 신조는 가끔 신타로를 문병하는 일 외에는 "거의 지역구에 머물면서 출마 준비를 했다(비서)."

재입원 8개월 후인 1991년 5월 15일, 신타로는 조용히 숨을 거두고 30년 남짓한 정치 인생을 마감했다. 향년 67세. 아베가 37세 되는 해였다.

아베는 임종을 며칠 앞두고 신타로가 보여준 모습이 아직도 눈에 선하다고 했다.

외무대신 시절부터 일소 교섭(일본과 소련 간 교섭-옮긴이)에 주력해 온 신타로는 "이 일만은 내가 살아 있는 동안에 길을 닦아놓고 싶다"는 심경으로 첫 수술 후에 소련을 방문해서 고르바초프 대통령으로부터 "벚꽃이 필 무렵에 일본을 방문하겠다"는 약속을 받아냈다. 약속대로 고르바초프는 1991년 4월에 일본을 방문했다.

이미 죽음의 병이 온몸을 덮쳐온 신타로는 "어떻게 해서든지 대통령과 만나서 일소 관계 개선을 위한 기초를 마련하고 영토 문제 해결의 계기를 만들고 싶다"는 강한 의지로 병상에서 일어나 다리를 끌면서 중의원 의장 공관에서 열린 오찬회에 출석했다. 등 뒤에는 말라버린 몸을 감추기 위해 셔츠 속에 솜을 집어넣었다. 친하게 지내던 배우 아시다 신스케[芦田伸介]가 "무대에서 뚱뚱하게 보이기 위해서는 등 뒤에 솜을 넣는다"고 한 것처럼, 필사적으로 연기를 한 것이다.

신타로와 대면한 고르바초프는 "나는 약속을 지켰습니다"라고 말을 건넸다. 신타로는 "이것으로 안심이 됩니다. 앞으로는 (일소의 관계 진전을) 멀리서 지켜보겠습니다"라고 만족스러워했다. 신타로에게 있어서 마지막 정치 무대였던 셈이다.

"그때 나는 정치가의 집념을 보았습니다."

아베가 필자에게 고백한 말이다.

"당신, 남자잖아요"

신타로는 죽음의 순간, 따사로운 햇살이 스며드는 병실로 아베를 호출했다. 그리고 이렇게 말했다.

"이젠 네 차례구나. 네가 하고 싶은 대로 해라. 뭐…… 어떻게든 될 거야. 죽을 각오로 하면 길은 열리게 되어 있다. 그렇지만…… 너 말이야, 힘들 거다."

신타로는 마지막까지 아들에게 갈 길을 알려주었다.

입원 후 얼마 되지 않아 면회를 허락받은 필자에게 신타로는 "장기 입원은 곤란해. 아직 앞일을 (신조에게) 물려주는 것은 내 머릿속에 없거든"이라고 꿋꿋하게 말했다. 필자가 보기에도 한눈에 병이 위중한 것을 알 수 있었으며, 이를 알린다는 각오로 면회를 허락한 것이 틀림없다. 일부러 반대로 말하면서 아들을 언급한 것은 원통함과 부모 마음이 합쳐진 감정이었을까?

요코는 병실에서 두 사람만 있었을 때 신타로가 했던 말이 기억에 남아 있다고 했다.

"좀 걱정이 되는군. 신조는 나보다도 무른 면이 있어서 말이야. 그래도 어떻게든 잘해 나가겠지."

신조는 어린 시절부터 애정 표현이 서툴렀던 아버지에게 반항해 왔지만, 아버지의 죽음에 직면했을 때의 비통함은 엄청난 것이었다. 아버지의 죽음 직후, 침대에 누워서도 밤을 새워 소리를 내며 계속 울어댔다. 그의 모습을 옆에서 지켜보던 아내 아키에는 그만 참지 못하고 "당신 남자잖아요. 정신 좀 차려요"라고 타박했다고 하는 일화를 아베가의 관계자로부터 전해 들은 적이 있다.

어렸을 때부터 "아빠 뒤를 이을 거야"라는 말을 되풀이하고, 대학 졸업 때는 친구에게 '정치가로서의 꿈'을 이야기하던 아베였지만, 그때부터 정치가의 막중한 책임과 각오를 이해하고 있었을지는 상당히 의심스럽다.

초등학교부터 입시 한 번 치르지 않고 그대로 순탄하게 대학까지 진학하여 미국 유학 시절을 포함해 진로를 찾아 방황한 후, 고베제강 근무를 통해 겨우 일에 자신이 붙기 시작할 무렵에는 마지못해 부친의 비서관을 맡았다. 말하자면 앞에 깔려 있는 레일 위에서 자신이 있을 곳을 스스로 찾지 못했던 것이다. 그런 아베에게 있어서 아버지의 죽음은 처음으로 자신이 극복하지 않으면 안 되는 시련이었다. 그리고 자신의 처신을 스스로 선택하도록 강요받게 되었다.

아베는 필자의 인터뷰에서 이렇게 이야기했다.

“아버지에게 ‘(정치가는) 힘들 거다’라는 이야기를 들었을 때 뒤를 이으라는 말이라고 생각했다. 내가 어설프게나마 선거에 열중한 것은 아버지의 마지막 모습을 보고 절대 질 수 없다고 생각했기 때문이다. 아버지의 원통함을 풀어드리기 위해서, 라는 무척 개인적인 감정이지만, 그런 감정이야말로 사람을 감동시켜 움직이는 것이라고 생각했다”

부친의 죽음으로부터 2년 후, 1993년의 중의원 선거에서 아베는 드디어 ‘아버지를 위한 복수전’에 임하게 된다.

4장

침로 없는 출항

'지반, 간판, 가방'을 물려받다

도쿄 시바[芝]에 위치한 조조지[增上寺]에서 신타로의 77일 법요식이 치러진 후인 1991년 7월 8일, 아베 신조는 아버지의 유지를 계승하여 정치가가 되겠다고 공식 발표한다.

지역구인 야마구치로 돌아온 아베는 하기[萩] 시에서 기자회견을 열어 "다음 총선에서 야마구치 1구에서 출마하겠습니다"라고 공식 표명했다. 지역구에서는 이미 사무소 간판에서 신타로의 이름을 지우고 '아베 신조'의 이름을 내걸었으며, 언제 선거를 치르더라도 좋을 정도로 속도를 내어 만반의 태세를 갖추고 있었다.

아베가에서는 이미 아베 형제의 결혼 직후부터 도쿄와는 별도로 시모노세키 등의 지역구 곳곳에서 아베와 형 히로노부의 합동 피로연을 대대적으로 벌이는 것으로 지역 후원자들에게 눈도장을 찍었다. 또한 신타로의 사후에는 지역구 내의 각지에서 현민장, 촌민장, 추모회 등을 열어 아베가 신타로의 후계자라고 하는 것을 주지의 사실로서 알렸다. 출마 표명도 당연한 것으로 받아들이게 되었다.

그러나 아무리 '기시 노부스케의 손자', '아베 신타로의 아들'로서 신조의 이름이 알려져 있다고 하지만, 당시의 중선거구제에서는 선거구가 넓어서 태세를 정비하는 것은 대단히 힘든 작업이었다. 부친의 사망으로부터 2년 동안, 아베는 구(舊) 아베 신타로 후원회를 발판으로 하여 새로운 선거 기반을 구축하기 위해 지역구 구석구석을 돌아다니면서 지역민 챙기기에 나섰다. 아내 아키에와 함께 산간 지역까지 들어가서 한 집 한 집을 돌아다녔고 촌각을 아껴가며 착실하게 집회를 거듭했다. "시간이 아무리 많아도 부족했다"고 후원회 간부는 회상한다.

거기서도 아베는 아버지에 대한 라이벌 의식을 감추려 하지 않았다.

"저는 아베 신타로의 차남입니다. 그러나 저는 저대로 지금부터 한 사람의 정치인으로서 살아갈 결의를 다졌습니다. 부디 여러분의 지지와 성원을 부탁드립니다!"

후원회 내부에서는 아직 젊은 아베가 아무런 정치 경력도 없이 "아버지와 다르다"는 점을 강조하며 부친의 존재를 부정하는 듯 행동하는 데 염려하기도 했다. 첫 선거의 책임자로서 진두에 서 있었던 아베 사무소 고문은 다음과 같이 회상한다.

"'신조 씨, 그런 말은 안 해도 됩니다. 부친의 유지를 받들겠다고 하면 됩니다'라고 하는 사람도 있었지만, 아버지의 후광으로 선거를 치르는 것에 대해 본인이 저항감을 가지고 있었기 때문에, 후원회의 간부들에게는 '신타로 선생님의 실적을 무시하는 것은 안 된다. 그 점을 충분히 존중하면서도 젊은 신조 씨의 기분을 잘 고려해서 조화롭게 해달라'고 부탁했다."

비록 지역구에서 아베 세대의 젊은 후원회가 설립되었다고는 하지만 사무소나 스태프, 강력한 후원회 조직까지, '지반(지역 기반)'은 전부 신타로에게 그대로 물려받은 것이라는 사실을 말할 필요도 없다.

"자복(雌伏)하며 지내던 2년 중에 처음 1년은 무척 힘들었지만, 2년째가 되면서 조직 내에서도 점차 자신감을 갖기 시작했다(고문의 증언)."

그리고 아베에게는 첫 싸움이 된 1993년 7월의 제40회 중의원 선거는 생각지도 못한 형태로 찾아왔다.

바로 자민당의 분열이다.

가이후[海部] 내각의 뒤를 이어받은 미야자와 총리는 정치 개혁(소선거구제 도입) 실현을 내걸었지만, 여당 내의 강한 반발에 부딪혀 좀처럼 진행되지 못하고 있었다. 더욱이 도쿄사가와규빈[東京佐川急便] 사건(도쿄사가와규빈 사의 불법 정치 헌금 사건-옮긴이)이 터지면서 당내 최대 파벌인 다케시타파의 보스 가네마루 신[金丸信] 부총재가 5억 엔의 불법 정치 헌금을 받은 것이 문제가 되어 의원직 사임 요구에 몰렸다. 이를 기회로 다케시타파의 오자와 이치로[小沢一郎], 하다 쓰토무[羽田孜] 등이 신정책 연대인 '개혁포럼 21(하타[羽田]파)'을 결성, '일치단결, 도시락 식사(매주 한 번 다케시타파 전원이 모여서 도시락을 먹으면서 결속력을 확인하던 일에서 유래된 말-옮긴이)'라는 말로 강한 결속력을 자랑하던 최대 파벌이 스스로 분열하면서 당내는 대혼란에 빠져버렸다.

미야자와는 TV를 통해 정치 개혁 법안을 "무슨 일이 있어도 이번 국회에서 통과시키겠다. 나는 거짓말을 하지 않는다"고 장담했지만, 최종적으로는 당내의 반발로 법안 제출을 단념하는 입장에 처하게 되었다.

그러자 야당은 즉각적으로 내각불신임안을 제출했고, 정치 개혁 추진을 주장하던 하타파를 중심으로 자민당 내에서 이탈표가 줄줄이 나오면서 불신임안은 35표 차이로 가결되고 말았다. 미야자와는 내각 총사퇴를 거부하며 국회를 해산하고 총선거 체제로 돌입했지만(같은 해 6월 18일), 이 일로 자민당 분열이 일어났다. 하타파는 '신생당' 창당 깃발을 내걸며 자민당에서 이탈했으며, 신타로가 이끌던 구(舊) 아베파(미쓰즈카파)에서도 다케무라 마사요시[武村正義], 소노다 히로유키[園田博之] 등이 탈당하면서 '신당 사키가케'를 결성했다. 정치권이 격동하기 시작한 것이다.

아베의 선거구인 구 야마구치 1구도 격랑에 휩쓸리며 정원 4명의 선거구에 8명의 후보가 난립하게 된다. 자민당에서는 신인인 아베를 비롯하여 전직 의원인 하야시 요시로, 가와무라 다케오[河村建夫]의 3명이 출마했으며 사회당, 공산당 후보와 더불어 과거에 신타로가 "장래 신조의 오른팔"로 낙점했던 야마구치 현 의회의 고가 다카아키[古賀敬章]가 신생당 후보로, 전 자민당 참의원인 에시마 아쓰시의 후계자 기요시마저 일본신당의 후보로 출마했다.

자민당이 흔들거리는 모습을 본 아베 역시 "공천을 받지 않고 싸우는 방법도 있다"라며 한때 무소속 출마를 고려하기도 했다. 그러나 곧 "자민당이 침몰하는 배라고 하지만, 스스로 침몰하는 배에 올라타서 재정비하여 다시 한 번 일본을 이끌어가는 배로 만들어야 한다(아베)"라고 생각을 되돌려 자민당 후보 출마를 결심한다.

보수 기반이 강한 야마구치에서 부친의 뒤를 이어 후원회 조직과 계파 지방 의원을 풀가동시키기 위해서는 자민당 후보로 출마하지 않으면 어렵다는 사정도 있었다.

총선거 공시를 이틀 후로 앞둔 7월 2일에 사무소를 개설했다. 세찬 비가 내리는 가운데 신칸센 신시모노세키 역 앞의 선거 사무소에는 약 3,000명이 몰려들었다. 아버지의 무덤 앞에서 필승을 다짐하고 개소식에 참석한 아베는 '체인지, 챌린지(change, challenge)!'를 캐치프레이즈로 내걸고 이렇게 인사했다.

"정치 개혁을 책임지고 이끌어 나갈 인물을 결정하는 선거입니다. 아버지가 남겨준 인연으로 새로운 시대를 이끌어나갈 한 사람으로서 참가할 수 있도록 부탁합니다."

선거전에 돌입하자 신타로의 후계자라고 하는 '간판'이 위력을 발휘했다. 전 파벌 수장의 아들의 선거라는 점 때문에 구 아베파를 계승한 미쓰즈카파에서 우정대신인 고이즈미 준이치로, 통산대신인 모리 요시로, 전 운수대신인 이시하라 신타로 등의 거물급 의원들이 속속 야마구치 1구로 내려와 아베의 선거 지원을 위해 목청을 높였다. 신타로의 맹우였던 다케시타 노보루도 달려왔다.

이때 다케시타는 요코에게 이렇게 이야기했다.

"파벌을 떠나서 아베 신타로와의 우정 때문에 달려왔습니다. 신조군을 어엿한 정치가로 만드는 것이 제 역할입니다."

요코는 '역시나 그때(후보 단일화를 위한 회합) 일이 가슴속에 남아 있었나? 남편에 먼저 세상을 떠난 것에 대해 갚을 수 없는 부채감을 가지고 있던 것일까?'라고 느꼈다고 한다. 그리고 무엇보다 이 선거에서 가장 큰 힘을 발휘한 사람은 기시의 딸이자 신타로의 아내로서 오랜 세월 동안 지역구를 지켜온 어머니 요코였다. 신타로를 지원했던 후원회 부인부를 새롭게 결집시키는 동시에, 시마네[島根] 현 접경 지역에까지 보폭을 넓혀 산간부 구석구석을 돌아다녔다. 아들의 첫 선거에 대해 자신의 자서전에서 다음과 같이 이야기하고 있다.

> 신조가 주체가 되는 선거였기 때문에 내가 전면에 나서는 것은 되도록 피했다. 그런 면에서는 편하다면 편했지만 한편으로는 뒤에서 마음을 졸이고 걱정해야 할 것이 많아서 남편의 선거보다도 걱정스러웠던 것이 본심이다.

그러나 후원회의 고참 간부는 웃으면서 말했다.

"요코 부인이 내려오시면 선거에 익숙하지 못한 젊은 부인(아키에)은 방해가 될 정도였다."

지금도 건재하며 기시, 아베 가문의 '대모'라고 불리는 요코는 예전처럼 선거 전면에 나서는 일은 없지만, 그래도 선거철이 되면 지역구에 내려와 후원자들을 독려하고 "요코 부인이 '아들을 잘 부탁합니다'라고 인사만 해도 진영의 결속력이 올라갔다(후원회의 고참 회원)"라고 한다.

다케시타 노보루까지 야마구치로 달려와준 덕분에 아베 진영은 불타올랐다. 아베는 개표 전날 "우선 떨어질 걱정은 없다. 앞으로는 신타로의 아들로서 부끄럽지 않을 만큼 얼마나 많은 표를 얻었나 하는 것이 관심사다"라고까지 말하면서 자신감을 내비쳤다.

개표일 당일. 선거 사무소에 모인 400여 명의 후원자들의 시선은 일제히 TV 개표 속보에 쏠렸다. 그리고 오후 7시 반이 넘어가면서 일찌감치 '아베 신조, 당선 확실'이라는 자막이 흘러나오자, 일제히 박수와 환호성이 쏟아졌다.

"아무리 염려 없다고 해도 아들의 선거이다 보니 뚜껑을 열기 전까지는 확신할 수 없다는 불안이 있었다."

요코는 절대로 흘리지 않겠다고 결심했던 눈물로 인해 눈앞이 흐려졌다.

아베 역시 일순간에 마음이 놓이며 보도국의 질문에 대해 "아버지의 뜻, 아버지에게 맡기신 여러분의 꿈을 계승하고 싶습니다"라고 소감을 피력했다.

아베의 득표수는 9만 7,647표로, 2위인 자민당의 하야시 요시로를 약 3만 표 차로 크게 따돌리며 수석 당선을 달성했다. 아베는 붓에 듬뿍 먹을 묻혀 요코와 아키에가 손에 들고 있는 커다란 달마상에 검은색 눈동자를 그려 넣었다(일본에서는 선거에서 당선되면 달마상의 눈에 눈동자를 그려 넣으며 자축하는 관습이 있다-옮긴이).

사무소 안의 흥분이 어느 정도 가라앉자, 아베는 감격에 겨워 충혈된 눈으로 지지자와 비서들을 향해서 깊게 머리를 숙였다.

"2년 동안 정말 감사했습니다. 아버님도 천국에서 틀림없이 기뻐해 주실 것이라고 생각합니다. 표가 부끄럽지 않도록 열심히 연구하고 활동하면서 여러분의 은혜에 보답하겠습니다."

다음 날, 아베는 부친의 묘소 앞에 무릎을 꿇었다.

"아버지, 제가 해냈습니다."

38세의 청년 정치가 아베 신조의 탄생이었다.

하나 더 짚고 넘어가야 할 것이 있다.

부친으로부터 지반, 간판을 함께 물려받은 아베는 선거에 유리한 '3가지' 중 남은 하나인 '가방(=정치자금)'도 물려받았다. 자민당의 파벌 정치 전성기에 파벌 수장들은 총리와 총재의 자리를 차지하기 위하여 전국에 업계별로 후원회를 조직하여 강력한 자금 조달력을 과시했다. '차기 총리'로 가장 유력했던 신타로 역시 30개가 넘는 정치 단체를 조직하고 여러 명의 금고 담당 비서를 두어 자금을 관리하게 했다.

아베는 부친의 정치 조직을 재편하여 계승했다.

아베가 첫 당선한 1993년에 자치성(지금의 총무성)에서 정치 자금 수지 보고서를 공표하자, 신인 의원인 아베의 놀라운 자금력에 매스컴의 이목이 집중되었다.

1년생 신인이면서도 아베 신조 중원 의원은 지정 단체인 '신와카이[晋和会]'에 1억 8천만 엔, 부친인 고(故) 아베 신타로 전 외무대신의 정치 단체를 통폐합한 '료쿠신카이[緑晋会]'에 5억 800만 엔 등, 합계 약 6억 8,900만 엔의 예적금(예금과 적금)을 보유하고 있다. 정치 단체의 자산도 '유산' 형태로 물려받은 것인데, 아베 사무소는 "예적금을 까먹고 있는 상태"라고 설명한다. (《마이니치신문》, 1994년 9월 9일자 조간 기사)

아베의 정치 단체가 보유한 자산은 다케시타 노보루(6억 4천만 엔), 나카소네 야스히로(4억 8,300만 엔)이라고 하는 역대 총리 경험자인 파벌 수장들을 상회하는 액수였다.

같은 날 《아사히신문》에서는 정치 자금에 관해 다음과 같은 아베의 발언을 소개하고 있다.

제로에서 출발한 사람에 비해서, 하늘과 땅 차이가 있다.

자민당에 커다란 역풍이 불었던 선거에서 수석 당선을 한 것은, 아베가 아무리 부정하고 싶어도 부친으로부터 물려받은 지반, 간판, 가방이 있었기 때문에 가능했던 득표였다.

역풍 가운데서도 훌륭하게 첫 선거를 치러내고 "이제부터 시작이다"라는 각오로 한껏 들뜬 아베를 기다리는 국회에서는 자민당의 분열로 인해 역사적인 전환이 일어나려 하고 있었다.

정치 개혁을 둘러싼 내분과 스캔들에 대해 유권자들의 엄중한 심판을 받은 자민당은 223석이라는, 과반에 못 미치는 의석을 차지했다. 외조부인 기시가 초대 간사장으로서 기초를 세우고 아버지 신타로가 수명을 깎아가면서 지탱해 온 자민당은 결당(1955년 보수 연합) 이후 40년 가깝게 지켜왔던 장기 집권에 종지부를 찍게 되었다.

그 주역이 자민당을 탈당한 오자와 이치로(당시는 신생당 대표 간사)였다.

자민당은 과반 의석이 깨지기는 했지만, 70석으로 반감한 제2당인 사회당, 55석의 신생당, 51석의 공명당, 35석의 일본신당, 15석의 민사당, 13석의 사키가케에 비해 여전히 압도적인 제1당이라는 사실에는 변함이 없었다. 사공민(사회당, 공명당, 민사당) 3당 내에서는 자민당의 단독 정권을 용인하자는 이야기까지 나왔다.

그러나 오자와는 이 기회를 놓치지 않았다.

"이 의석 수라면 비(非)자민 연립 정권이 가능하다."

대단한 수완가인 오자와는 자민당이 정권 유지에 쩔쩔매는 모습을 곁눈질하며 연립 공작을 위한 잠행에 들어갔다. 투개표일(7월 18일)로부터 이틀 후, 일본신당 대표인 호소카와 모리히로[細川護熙]를 극비리에 접촉하여 "총리대신을 맡아 달라"라고 단도직입적으로 권유했다. 그러자 "호소카와가 한다면 내가!"라고 신당 사키가케의 다케무라 마사요시가 적극적으로 끼어들어왔다. 오자와는 이를 차단하며 사회당, 공명당, 민사당 등을 구슬리며 호소카와를 필사적으로 설득했다. 7월 22일 늦은 밤, 호소카와는 야당 연합의 총리 후보로서 입후보할 것을 결단했다.

호소카와의 비자민 연립 정권이 탄생하는 결정적인 순간이다.

물론 자민당도 정권이 손바닥에서 빠져나가는 것을 속수무책으로 바라보고만 있지는 않았다. 예를 들면 아베가 당선 후에 몸담았던 미쓰즈카파의 보스 미쓰즈카 히로시[三塚博]는 해산 직후부터 개혁 추진파 거물 의원인 고토다 마사하루[後藤田正晴]를 축으로 하는 연립 정권 구축을 기획했다. 한때 미쓰즈카파에 몸담았던 다케무라와도 접촉하고 있었다.

고토다를 탈당시켜서 새로운 정당을 창당한 후, 그 밑으로 일본신당, 사키가케, 자민당이 결집하여 긴급 피난처격인 개혁·구국 정권을 세우겠다는 것이 기본 구상이었다. 고토다도 주위에 "정권은 잠시라도 틈이 생기는 것을 용서하지 않는다. 자민당이 중심이 되어 책임을 지고 정치를 이끌어야 한다"고 이야기하는 등 참여 쪽으로 마음을 굳히고 있었다. 그러나 주요 인물이었던 고토다가 공시 후에 건강 악화로 긴급 입원하는 바람에 구국 연립 정권 구상은 급속히 시들어버렸다.

자민당의 OB는 당시를 이렇게 회상했다.

"정권을 잃지 않으려고 여러 사람들이 여러 가지 구상을 기획했지만 모두 도중에 중단되었다. 과반수에 못 미친다는 위기감을 가지고 모두 하나로 뭉쳐서 다시 시작한다는 각오를 다지는 것도 가능했겠지만, 당시 우리는 현실로서 눈앞에 닥친 참패를 앞에 두고 어찌할 바를 몰라 혼란스러워했다. 그런 틈바구니에서 오자와만이 능숙하게 처신하며 정권을 빼앗은 것이다."

첫 선거를 치르면서 지역구를 돌아다니기 바빴던 아베에게 연립 구상을 둘러싸고 나가타초에서 주고받는 거래는 구름 위의 일이었다. 그해의 제127차 특별 국회는 다음 정권의 골격을 정하는 연립 구상이 길어지면서 총선거 투개표일(7월 18일)로부터 2주 이상 경과한 8월 5일에 소집되었다.

자민당이 패하기는 했지만 가슴을 활짝 펴고 상쾌한 기분으로 첫 등원을 한 아베 신조는 카메라 플래시 세례를 받으면서 매스컴의 인터뷰에 이렇게 대답했다.

"자민당이 야당으로 밀려나는 역사적인 시기에 국민 여러분의 뜻에 부합할 수 있는 의정 활동을 해야 한다는 무거운 책임감을 느낍니다. 생전의 부친의 유지를 계승한다는 것이 제 마음을 뛰게 합니다."

그러나 아베가 첫 등원에서 조우한 것은 비정상적인 국회의 모습이었다.

헌법 제70조에는 총선거 후 첫 국회(특별 국회)가 소집되면 내각은 총사퇴해야 한다는 규정이 있으며, 소집일에는 중의원 의장을 선출하고 국회 회기를 정한 후에 새로운 총리를 선출할 필요가 있다.

그런데 이때의 특별 국회는 이러한 수속들이 전혀 이루어지지 못한 채, 처음부터 공전하는 이상한 개원이었다. 중의원 의장 선출을 둘러싸고 비자민 연립 여당과 자민당이 첨예하게 대립했기 때문이다. 쌍방이 12시간 넘도록 기싸움을 계속한 끝에 오후 9시 30분에 겨우 중의원 본회의가 열리기는 했지만 "의사 일정을 연기하고 이것으로 폐회한다"는 결론으로 끝이 났다. 회기가 정해지지 못하는 사태는 1947년 제1회 국회 이래 처음이었다.

'실체도 없는 비자민 연립 정권 따위는 내일이라도 해산하는 편이 좋다.'

아베는 국회 혼란 속에서 이렇게 생각했다고 한다.

공전 국회는 다음 날인 6일 밤에야 겨우 정상화되었다. 중의원 본회의에서는 우선 의장 선출을 통해 사회당의 전 위원장인 도이 다카코[土井たか子]가 헌정사상 첫 여성 의장에 취임했다. 그리고 제79대, 50명째 총리대신으로는 중·참의원 양원에서 자민당 후보를 누른 비자민 8당파의 단일 후보인 일본신당 대표 호소카와 모리히로가 선출되었다. 38년간 계속된 자민당 단독 정권에 마침표가 찍히며 일본 정치는 연립 정권 시대로 접어들게 되었다.

"새로운 시대가 도래했다는 실감이 든다. 한 페이지가 아니라 한 장(章)이 넘어간 듯한 느낌이다. 그리고 천명(天命)에 순종하는 엄숙한 기분이다."

총리 취임사에서 이렇게 소감을 말한 호소카와는 80퍼센트에 가까운 지지율이라는 순풍을 받으며 출항했다. 자민당으로서는 "겨울을 넘어 빙하기가 찾아온 것(전 간부의 표현)"이다.

이렇게 아베의 정치 인생은 "설마 했던(아베의 표현)" 야당 의원으로 시작했다.

요코가 아들의 후견을 부탁한 '오자와'

자민당 장기 정권이 계속되었더라면 '전 간사장 아베 신타로의 아들'로서 당내의 많은 후견인이 있는 아베의 정치 인생 초반은 순풍에 돛 단 듯한 출발이었을 것이다. 그러나 믿었던 자민당이 권좌에서 굴러 떨어지고 말았으며, 앞뒤 좌우를 분간하지 못하는 정치 신인 아베는 스스로의 힘으로 정치권의 격동을 넘어서지 않으면 안 되었다.

이런 아들을 걱정했던 것이리라. 요코는 첫 당선되고 얼마 안 된 아베를 호소카와 정권 성립 직후에 2명의 인물에게 소개시켰다. 한 명은 재계 인사였지만 다른 한 명은 의외의 인물이었다. 바로 비자민 정권 탄생의 주역인 오자와 이치로다. 비밀리에 오자와와의 식사 자리를 마련한 요코는 아들을 소개하면서 이렇게 말했다.

"신조는 아직 많이 미숙합니다. 부디 자기 몫을 할 수 있는 남자로 키워주세요."

"제가 할 수 있는 일이라면 뭐든지 돕겠습니다."

오자와는 이렇게 화답했다. 오자와는 수완가, 파괴자 등의 별명을 얻으며 강골 이미지가 강한 정치가이지만, 이런 면에서는 실로 의리 있는 정치가다. 이후로 아베의 지하 수맥 중 하나가 은밀하게 숨을 쉬기 시작했다.

오자와와 아베의 인연의 원천은 아버지 신타로였다. 다케시타 정권이 리쿠르트 사건으로 총사퇴하고 가이후 정권이 들어서면서 40대였던 오자와가 간사장에 취임했다. 다케시다파에서는 "너무 젊다"고 하는 다분히 질투 섞인 반대 의견이 올라왔으며, 가지야마 세이로쿠를 간사장으로 추대하려는 움직임이 있었다. 파벌 수장인 다케시타도 오자와의 간사장 기용에 난색을 표했다. 이런 와중에도 전 부총리인 가네마루 신이 다케시타를 설득하여 자신의 직계 후배인 오자와를 간사장 자리로 밀어 올렸다는 것이 통설이다. 그러나 진상은 조금 다르다. 사실, 오자와 간사장 탄생에 결정적인 역할을 한 인물은 라이벌 파벌의 보스인 아베 신타로였다.

당시 신타로는 수술 후 일단 준텐도대학병원을 퇴원하여 정치 무대로 복귀, 활동을 재개하던 때였다. 총선거를 감안하면 각종 뇌물 사건으로 뒤숭숭한 자민당을 재정비하고 새롭게 변신하지 않으면 안 되었다. 신타로는 그 선두에 세울 간사장은 젊은 오자와밖에 없다고 본 것이다. 신타로는 당내 실력자인 와타나베 미치오[渡辺美智雄]를 자기편으로 끌어들여 가네마루에게 오자와를 설득하도록 맹공세를 펼쳤다.

파벌 내의 비판적인 분위기를 잘 알고 있던 오자와는 간사장 취임을 망설이고 있었으나 가네마루는 "뒷일은 내게 모두 맡겨라. 내가 알아서 하겠다"는 말로 오자와의 입을 막고 마음을 굳히도록 설득했다. 아베와 가네마루가 안팎으로 손을 쓰자 아무리 다케시타라고 해도 저항하는 데 한계가 있었다. 마지막에는 "나는 오자와로 괜찮다"고 용인할 수밖에 없었다.

신타로가 왜 그토록 강하게 오자와를 밀었던 것일까? 두 사람은 다케시타 정권하에서 아베 간사장, 오자와 관방부장관으로서 스크럼을 짜고 내외의 현안 처리를 담당했다. 당시 내정으로는 소비세 도입, 외교적으로는 미국과의 소고기·오렌지의 수입 자유화를 비롯한 통상 교섭 문제가 있었고, 여기에 더해서 리쿠르트 사건까지 덮쳐오며 자민당이 심하게 동요하고 있던 때다. 당의 사령탑을 맡은 신타로는 누구보다도 국회 운영에 고심하고 있었다.

그런 신타로를 뒤에서 조용히 지원해 준 것이 오자와였다. 관방부장관은 내각에서 국회 대책을 담당하고 있다. 오자와는 소비세 국회에서 무대 뒤편에서 묵묵히 법안 통과를 위해 동분서주했다. 이 모습을 본 신타로는 "정말 잘하고 있네, 오자와군. 게세카이(다케시타파)에는 정말 인재가 많군. 부럽네"라고까지 칭찬했다고 한다.

신타로가 더욱 감탄한 것은 다음 해의 건설 시장을 둘러싼 일미 교섭과 항공자위대의 차기 지원전투기(FSX)의 미일 공동 개발 문제를 미국 방문을 통해 의견 합의를 만들어낸 오자와의 수완이었다.

한편 오자와 역시, 성격은 급하지만 일일이 참견하지 않고 자유롭게 활동할 수 있도록 용인해 주는 신타로의 넓은 도량을 보면서 그릇이 큰 정치가로서 신타로의 존재를 다시 한 번 인식하게 되었다.

나중의 일이지만, 가이후 내각 붕괴 시 오자와가 후계 총리 후보를 '면접하는' 일이 있었다. '오자와의 교만'이라고 비판받은 유명한 일화다. 이때 오자와는 "아베 씨가 건강했다면 나는 두말없이 '잘 부탁드린다'고 제일 먼저 제안했을 것이다. 그분이 한 번은 총리가 되었으면 좋겠다고 생각했다"고 주위에 털어놓았다고 한다.

요코는 이러한 신타로와 오자와의 관계를 잘 알고 있었다. 그렇기 때문에 자민당이 야당으로 전락한 가운데 호소카와 정권에서 권력을 한 손에 쥐고 있는 오자와에게 아들의 후견을 부탁한 것이다.

그렇다면 아베 자신은 오자와를 어떻게 보고 있을까? 필자는 고이즈미 정권 시절에 오자와와 마찬가지로 40대에 자민당 간사장에 취임한 아베에게, 당시 야당의 중진이었던 오자와의 인물평을 물어본 적이 있다.

"오자와라는 정치가는 사태를 돌파할 수 있는 힘을 가진 인물이다. 많은 사람들이 말하는 것처럼 그에게는 기존의 틀을 파괴하는 능력이 있다. 그리고 옳고 그름과는 별도로, 일단 기본이 확실하고 뼈대 굵은 비전도 함께 보여주고 있다."

고이즈미 정권의 숙적이었던 인물에 대한 평가치고는 최고의 찬사가 아닐까?

'보수주의' 공부

초선 의원 시절, 아베는 헌법과 안전보장, 보수주의 관련 서적들을 공부하지 않을 수 없게 된다. 드디어 '초매파의 아베'의 기초가 만들어지기 시작한 시기였다.

세이케이대학 시절의 은사 중 한 명이 아베의 사상에 대해 "아베 군은 보수주의를 주장하고 있다. 사상사라도 제대로 공부를 하고 그런 주장을 하면 그나마 괜찮지만, 대학시절 그런 공부를 하지 않았다. 게다가 경제, 재정, 금융 관련 수업들은 처음부터 들으려 하지도 않았다"고 신랄하게 지적한 것에 대해서는 2장에서 이미 언급했다.

1년차 의원이 된 아베는 자민당의 외교부회와 중의원 외교 위원회에 소속되었다. 경제와 재정에 대한 지식이 취약한 아베에게 외무대신인 부친의 비서관으로 3년 8개월 동안이나 활동한 경험 덕에 외교는 친숙한 분야였던 것이 틀림없다.

대학 시절 친구는 정계에 입문한 후 아베와의 대화를 이렇게 기억한다.

"나, 이번에 외교부회에 들어간다."

"그렇게 재미있니?"

"솔직히 외교는 표도 안 되고 아무 쓸모도 없어. 하지만 나는 (외교가) 좋아하니까 들어가는 거야."

아베가 외교 분야를 선호하는 것에 대해서 냉소적인 견해도 있다. "외교는 위기다, 위기다 하면서 긴장감을 부추기고 내셔널리즘을 고무하면 눈에 보이는 성과가 없어도 여론에는 '투사와 같은 정치가'로 보여지니까 편리하지 않을까요? 자기주장이 강하고 소년 시절부터 상대를 굴복시키는 것으로 자기만족을 느끼던 그에게는 딱 어울리는 분야가 아닐까 싶습니다(중학교 시절부터의 동창생)"라는 야유도 어느 정도 설득력을 가지고 있다.

외무대신 비서관 경험이 있다고는 하지만, 외교부회 소속이 되면 국회에서 질문을 해야 하기 때문에 부친의 후광과 비서의 도움만 가지고는 통용되지 않는다. 일본 속담에도 있듯이, 절 앞에 산다고 해서 가겟집 총각이 배우지도 않은 경문을 외울 수는 없는 것이다.

이때부터 아베가 즐겨 읽었던 것이 유명한 보수파 논객으로 "총리가 된 후에도 종종 조언을 부탁하는(주위의 증언)" 니시베 스스무[西部邁]의 저서들이었다. 『환상의 보수로(幻像の保守へ)』『나의 헌법론(私の憲法論)』『비평하는 정신(批評する精神)』 등을 통해 '보수주의란 무엇인가'를 생각하는 데 많은 영향을 받았다고 한다.

아베는 간사장 시절에 설립한 '당 기본 이념 위원회'의 강사로 니시베를 초청했다. 주제는 '자유민주당이 지켜내야 하는 보수의 정신'이었는데, 니시베는 강의에서 "역사, 관습, 전통을 지켜나가는 것이 보수이며, 이를 파괴해서 새로운 것을 만들려는 것이 혁신(진보)"이라는 지론을 펼쳤다. 이 보수의 정의는 아베의 생각과 가깝다고 생각해도 좋을 것이다.

아베도 초선 의원 시절(1996년)에 구리모토 신이치로[栗本慎一郎], 에토 세이치[衛藤晟一]와의 공저로 출판한 『'보수 혁명' 선언('保守革命' 宣言)』에서 다음과 같이 주장하고 있다.

> 지금 보수주의란 무엇인가에 대한 물음이 새삼스럽게 되풀이되고 있습니다. 나는 니시베 스스무 씨가 주장하는 '보수'의 정의에 가장 공감하고 있으며, 보수라는 것은 현재, 미래와 동시에 과거에 대해서도 책임을 가지는 삶이 아닐까 생각하고 있습니다. 즉, 과거를 살았던 사람들의 소리 없는 절규와 염원을 함께 고려하여 정치를 해야 한다는 것입니다. 예를 들면 5년, 10년의 척도가 아닌 100년, 200년이라는 척도를 과거와 미래에 대놓고 사물을 생각하는 자세라고 하는 것입니다.

또한 스페인의 철학자인 호세 오르테가 이 가세트(José Ortega y Gasset)의 저서 『대중의 반역(*La rebelión de las masas*)』도 아베가 영향을 받은 서적이라고 한다. 대중은 우둔하지는 않지만 무책임하고 언제 마음이 변할지 모르는 존재다. 그것이 바로 대중의 특권이며, 사회는 이런 대중들의 의식에 의해 움직인다. '대중'이라는 존재를 사회

학적으로 고찰한 이 책은 나치즘이 대두하기 시작한 1930년대에 세계적인 베스트셀러였다.

외조부 기시 노부스케가 달성한 안보개정은 세상으로부터 혹독한 악평을 받았다. 어린 시절부터 그 점을 고통스러워했던 아베는 『대중의 반역』을 통해 대중(여론)의 영향력이 얼마나 크고 무서운지를 배웠다고 한다. 그에게 있어서 대중, 즉 국민은 언제나 친근한 존재가 아니라 어디까지나 정치와 대치되는 존재인 것이다. 그렇기 때문에 대중을 움직이는 미디어 퍼포먼스나 여론 조사 수치에 대해 남들보다 갑절이나 더 신경을 쓰는 것이리라. 그러나 이러한 포퓰리즘은 가끔 정치에 있어서 국민이 '훼방꾼'으로 보일 위험이 있다.

> 내가 보수주의로 기울어진 것은 처음부터 '보수주의' 그 자체를 매력적으로 생각했다기보다, 오히려 '진보파' 혹은 '혁신'이라는 사람들의 수상쩍음에 대한 반발심에서 비롯된 측면이 큽니다. 그들에게 반발하여 보수의 길로 접어들면서 보수 사상의 심오함에 점점 매료된 것이 아닐까 하고 생각합니다. (『'보수 혁명' 선언』 중에서)

중층적인 역사를 중요시하는 보수 사상은, 배제나 배척의 논리가 아니라 좀 더 깊고 넓은 문화와 사상의 차이까지를 포함하고 용인할 수 있는 것이라야 한다고 필자는 생각하지만, 아베에게 있어서는 혁신이나 리버럴은 항상 '적'으로만 여겨진다. 이는 무척 뿌리가 얕은 보수 사상으로 보이는데, 과연 아베는 보수 사상의 어떤 점에서 '심오함'을 느낀 것일까?

그의 저서에서는 역시 기시의 존재가 큰 영향을 미쳤다는 점이 곳곳에서 나타난다. 인용이 다소 길어지는데, 3년차 국회의원이 된 아베가 자신의 보수 사상의 뿌리에 대해서 조부와 부친의 전쟁관의 차이점을 들어서 설명하고 있는 구절은 이 정치가를 이해하는 데 크게 도움이 된다.

나의 보수주의에 대해서 하나 더 덧붙이고 싶은 말은 역시 조부의 영향력이 컸다는 점입니다. 조부는 메이지 시대에 태어난 전전(戰前) 세대 사람으로, 나와는 다른 세상에서 소년기와 청년기를 보낸 인물입니다. 내가 청년 시절에 조부에게 들었던 많은 이야기들은 나에게 있어서 신선한 충격이었고 적지 않은 영향을 주었습니다.

반면 부친은 대학까지는 전쟁 전에 교육을 받았지만, 그 이후에는 전후(戰後) 세상을 산 분입니다. 그렇기 때문에 전쟁이라고 하는 지극히 비극적인 경험을 했던 당사자로서 그 체험이 사상 형성에 커다란 그림자를 드리우게 된 것입니다. 왜 그런 비참한 전쟁이 일어난 것일까? 부친에게는 이러한 세대적인 반성이나 회의적인 생각이 많았을 것이라 생각됩니다.

그러나 조부의 경우는 세계대전이 일어나기 전, 어떤 의미로 일본이 대단히 비약적인 전진을 달성했던 '영광의 시절'이 청춘이었으며 젊은 날의 인생 그 자체였습니다. 그러므로 그것이 피와 살이 되었던 것입니다. 그 차이는 실로 컸다고 봅니다.

조부는 이러한 시대에 지극히 큰 자신감을 가지고 있었습니다. 그렇다면 모두가 '말도 안 된다(회의적으로-옮긴이)' 생각하는 전쟁 전의 시대에 조부가 강렬한 자신감을 가지게 된 배경은 무엇일까 하는 점이 흥미를 끕니다.

게다가 우리나라의 형태로서, 조부는 아시아 국가로서 일본이 황실을 중심으로 전통을 지키며 농경민족으로서 서로 일체감을 가지고 강하게 협력하며 살아간다고 하는 국가의 이상적인 모습을 확고하게 믿고 있었습니다. 그리고 그를 위해서는 무슨 일이든지 하겠다는 각오가 넘쳐흘렀습니다. 거기에 강한 감명을 받은 것은 사실입니다.

신타로의 전쟁 경험을 "사상 형성에 그림자를 드리웠다"고 비판적으로 받아들이고, 기시의 청춘 시절(다이쇼시대)에 대해 "일본이 대단히 비약적으로 전진을 달성한 '영광의 시절'"이라며 동경을 감추지 않았다. 아베의 역사 인식의 원점이 여기에서 파악된다. 그러나 잘 생각해 보면 조부의 청춘 시절도, 부친의 전쟁 체험도, 아베 자신은 직접적으로 알지 못하며, 학창 시절의 은사나 학우들이 말하는 것처럼 역사 서적을 읽고 공부한 흔적도 별로 없다. 그럼에도 불구하고 "할아버지는 옳고 아버지는 틀렸다"고 단언하고 있는 것은 아마도 "아빠보다 할아버지가 좋다"는 개인적인 체험에서 온 것이리라.

신인 정치가 시절의 아베의 독서도 순수한 의미에서의 지식의 흡수보다는 어린 마음에 새겨진 '할아버지는 옳다'는 생각을 확인하는 작업이었다고 생각된다. '할아버지가 하신 일은 틀리지 않았다'고 하는 '기시 사관'이, 총리에 취임한 아베로 하여금 헌법부터 안보, 교과서에 이르기까지 전쟁 전으로의 회귀라고까지 생각되도록 전후 체제를 부정하는 방향으로 내달리게 만든 것이 아닐까? 그게 아니라고 한다면 본인이 좋든 싫든 관계없이 국민의 일정한 지지를 얻어서 국회 의석을 차지한 혁신파, 리버럴파의 주장과 사상을 단지 "수상쩍다"라고 막연하게 부정하지 말고 서적을 읽고 주장을 들어가면서 공부해야 할 것이다. 이러한 토대 위에 세워진 보수주의 사상이라면 깊이 있는 사상이 될 수 있을 것이다.

현재의 아베의 말도 어딘가 전쟁 중의 영웅주의를 연상시킨다. "적이 1천만 명이 된다고 해도 나는 간다(『맹자(孟子)』의 '스스로가 옳다고 생각하면 천만 사람이 막을지라도 나는 간다[自反而縮'雖千万人吾往矣]'를 인용-옮긴이)", "내가 총리대신이다. 결정은 내가 한다", "우익 군국주의자라고 부르고 싶다면 불러라" 등의 용맹스러운 발언을 통해 우현으로 키를 잡고 일본이라는 배를 조정하려 하지만, 필자는 그런 아베의 모습을 보면서 과거 신타로에게 들었던 이야기를 떠올리게 된다.

"항상 총리가 앞장 서야 할 필요는 전혀 없다. 최고 지휘자에게는 왼쪽도, 오른쪽도 없다. 사안을 결정하고 방향성을 정하는 최고 지휘자에게 요구되는 것은 균형 감각이다. 내가 신문기자 시절에 키운 판단력과 균형 감각은 무엇과도 바꿀 수 없는 소중한 자산이다."

한 나라의 지도자는 정책을 통해서 국민에게 공평하게 행복이 돌아가도록 해야 하며 국민의 생명과 안전을 보장할 책임과 의무가 있다. '공(公)'의 입장에 서야 하는 정치가, 그것도 최고 지휘자가 '사(私)'를 전면에 내세우며 정치를 하면 국가의 균형은 여지없이 무너진다. 신타로가 균형 감각을 스스로의 '자산'이라고 말한 것은 총리, 총재로서 나라를 그르치지 않으려 스스로 경계한 것이리라. 다혈질에 매파라고 불리던 신타로였기에 자신의 약점이 나라를 그르치는 원인이 되어서는 안 된다는 생각이 강했던 것이다. 자민당이 가장 번영하던 시절에 총리, 총재를 목표로 하는 인물에게는 그 정도의 엄격한 자질이 요구되었던 것이다. 당내의 비주류파에게는 포스트나 공천을 무기로 위협을 가하고 야당은 철저하게 적으로 보고 숫자로 깔아뭉개는 지금의 자민당을 보면, 신타로가 보여준 보수주의 사상이 뿌리를 내리고 있다고는 도저히 생각할 수 없다.

신타로가 자신이 도달하지 못한 총리대신의 자리에 앉은 아들이 "우익 군국주의자라고 부르고 싶다면 불러라"라고 으르렁대는 모습을 본다면 무슨 생각을 할까.

사회당의 '무라야마 총리'에게 투표하다

아베의 초선 의원 시절, 정치권은 한숨 돌릴 틈도 없는 격동의 시기를 맞이하고 있었다.

호소카와의 비자민 연립 정권은 겨우 9개월 만에 붕괴되었고 이를 물려받은 하타 내각도 2개월 만에 퇴진했다. 자민당은 비자민 연립 정권의 균열을 기회로, 숙적이었던 사회당을 우여곡절 끝에 끌어들여 사회당 위원장인 무라야마 도미이치[村山富市]를 총리로 세우면서 1년이 채 못 되는 야당 생활을 청산하고 정권을 탈환했다.

야당 의원이 될 것이 확실했던 첫 국회 등원하는 날 '실체도 없는 비자민 연립 정권 따위는 내일이라도 해산하는 편이 좋다'고 생각했던 아베는, 1년 후에 자민당이 사회당 수반의 연립 내각을 구성한 덕에 55년 체제하에서 불구대천의 적으로 여겨온 사회당 내에서도 가장 '왼쪽'에 위치하는 무라야마에게 투표해야만 하는 사태에 직면하면서 무슨 생각을 했을까?

> 자민당이 정권을 탈환하고 정계에서 그 나름의 질서를 회복해 나가기 위해서는 그 외에 다른 방법이 있었을까 하는 점을 반드시 생각해주길 바랍니다. 당시의 신생당이 사회당과 손을 잡는 생각도 못할 수법을 사용하는 가운데 "우리는 그 수법은 사용하지 않겠습니다"라고 했다면 더 이상 싸움이 될 수 없었습니다. 그래서 그러한 수단을 사용해야만 했다는 점입니다. (『'보수 혁명' 선언』 중에서)

정치는 이상론만으로는 통하지 않는다는 '세례'를 받은 아베는 필자에게 새삼스럽게 당시를 회상했다.

"이번 일은 긴급 피난과 같은 일이었다고 스스로를 납득시켰다. 그렇지만 솔직히 말해서 '앞으로 (사회당과 함께) 이대로 계속 간다면 정말 어떻게 되는 것일까'라는 강한 위기감을 가지고 있었다. 그런 생각도 있었기 때문에 무라야마 씨가 총리로 지명되던 날, 뜬눈으로 밤을 지새우며 여러 생각에 골몰했던 것을 기억한다."

물론 일개 초선 의원에 지나지 않았던 아베는 연립 문제에 참여할 수 있는 입장이 아니었기 때문에 당시의 간사장인 모리 요시로, 정조회장인 하시모토 류타로[橋本龍太郎] 등 당 집행부의 판단을 놀란 눈으로 지켜봐야만 했다.

그러나 이 무라야마 정권은 훗날 아베에게 화근을 남기게 되었다.

전후 50년이 되는 1995년의 종전기념일에 '전후 50주년 결의'가 중의원에서 과반의 반대로 채택되지 않자, 무라야마 총리는 역사적인 담화를 발표했다. 이른바 '무라야마 담화'인 것이다.

> 우리나라는 멀지 않은 과거의 한 시기에 잘못된 국책으로 인해 전쟁의 길로 들어서 국민의 존망을 위기에 빠뜨리고 식민 지배와 침략으로 인해 많은 나라들, 특히 아시아 각국의 국민들에게 커다란 손해와 고통을 주었습니다. 나는 미래를 잘못되지 않고 바른 방향으로 이끌기 위하여 의심할 여지 없는 역사적 사실을 겸허히 받아들이며 다시 한 번 통절한 반성의 뜻을 전하고 진심으로 사죄의 마음을 표명합니다.

무라야마의 일련의 움직임에 대해 아베는 당시 이렇게 생각했다고 한다.

"반성의 뜻을 표한다는 것에는 별로 이견이 없다. 그러나 나라의 뜻으로서 세계를 향해 사죄를 표할 때에는 누구나가 납득할 수 있는 내용이 아니면 안 된다. 국민이 책임을 맡긴 국회의원의 과반의 반대로 꼴사납게 부결된 결의는 아무리 생각해도 이상하다. 그 여세를 몰아서 발표한 총리 담화라는 것도 납득하기 어렵다. '잘못된 국책'은 구체적으로 무엇을 말하는 것인지조차 모르겠다."

20년 후에 총리의 자리에 앉은 아베는 '전후 70년 담화'를 통해서 이 무라야마 담화의 수정을 꾀했다. 그러나 아이러니하게도 국민 "누구나 납득할 수 있는 내용"으로 만들기 위해 아베 담화에서도 '우리나라는 과거 전쟁을 일으킨 행위에 대해 거듭하여 통절한 반성과 진심 어린 사죄의 마음을 표명하여 왔습니다'라는 문장을 끼워 넣어야만 했다. '우리나라는~표명하여 왔습니다'라는 제3자적 시점을 사용한 부분에서 진심은 '사죄'하고 싶지 않다는 아베의 기분이 엿보이는 듯하다.

무라야마 정권은 1년 반 동안 계속되었지만 고베 대지진이 발생한 1995년의 참의원 선거에서 사회당이 16석이라는 대참패를 당하자 무라야마가 사임의 뜻을 내비쳤고, 예산 편성이 끝난 다음 해 1월 돌연 사임을 표명했다. 561일 동안 계속된 무라야마 내각의 뒤를 잇는 총리 지명에서 하시모토가 후임자로 선출되면서 자민당은 본격적인 정권 복귀를 이룩했다.

하시모토 정권으로부터 8개월 후인 같은 해 10월에 제41회 중의원 선거가 치러졌다.

아베에게 있어서 두 번째 싸움은 새 제도, 즉 '소선거구·비례대표 연립제'에 의한 선거가 되었다. 소선거구제에서 당선자는 한 선거구에서 한 사람뿐이다. 아베의 지반인 시모노세키 시를 중심으로 하는 야마구치 신 4구에서 출마한 아베의 상대 후보는 신진당의 전직 의원(국회 해산에 의해 중의원 선거가 치러지면 이전 국회에서 의원이었던 후보는 전직 의원 후보가 된다-옮긴이)과 공산당의 신인 후보 두 사람이었다. "위드 스피릿츠(with spirits)! 강한 힘으로 내일을 향해"를 캐치프레이즈로 내걸고 무당파와 여성의 표를 얻기 위해 힘을 쏟았다. 사전에 낙승이 예상되면서 진영 내에 긴장감이 풀어지기도 했지만, 아베는 차점자와 약 3만 4,000표라는 큰 차이로 당선하여 재선 의원이 되었다.

'정책 신인류'가 되지 못한 신인 정치가 시절

자민당 장기 정권 시절, 신인 의원들의 출세에는 정해진 코스가 있었다. 초선 의원은 자신이 소속된 위원회뿐 아니라 선배 의원들이 사정상 위원회에 불참하는 경우에는 정족수를 채우기 위해서 교체 위원(대체 요원)으로서 다른 위원회에 출석한다. 동시에 당의 정무조사회에서는 '외교부회', '건설부회'와 같이 각 부처별로 구성된 부회에 소속되어 정책이 결정되는 과정을 공부한다. 말하자면 '초립' 의원으로서의 연수 기간이라 할 수 있다.

재선 의원이 되면 국회 대책 부위원장으로서 야당과의 절충에 나서고, 각 부서의 정무차관(현재의 정무관)으로 취임하여 담당 부서 내에서 업무를 배우며, 의원 생활 10년차 정도의 3선 의원이 되면 드디어 정무 조사회의 각 부회 회장에 취임하여 그 분야의 정책 조정 역할을 경험한다. 여기서 수완을 발휘하면 '정책통'으로 불리며 부서에서도 발언권을 얻는다. '초립'이 벗겨지는 것이다.

그리고 4선은 부간사장, 5선은 국회의 상임위원장, 빠르면 대신으로 입각한다. 아무리 늦어도 의원 생활 20년차쯤 되는 6선 의원이 되면 거의 모든 의원이 한 번은 대신이 될 수 있다. 더욱이 총리, 총재를 목표로 하는 의원은 통산성대신(현 경제산업대신), 외무대신, 대장성대신(현 재무대신) 등의 주요 각료로 취임하여 당 3역(간사장, 정조회장, 총무회장)을 경험한 후, 총재 경선에 나서게 되는 것이다.

연립 정권 시대로 접어들면서 지정석이 줄어 대신 취임은 '좁은 문'이 되어버렸지만, 젊은 의원들의 출세 코스에는 그다지 변함이 없다.

이러한 계급 사회에서 아베는 재선 의원이 된 1997년 5월에 국회에서 처음으로 '그의 필생의 사업이 되는' 북한의 일본인 납치 사건에 대해 질의했다. 당시는 아직 "납치 의혹"이라고 불리던 때다. 마침 그 해 2월에 요코타 메구미[横田めぐみ] 씨의 납치 의혹이 표면화되면서 다음 달인 3월에는 '북한에 의한 납치 피해자 가족 연락회'가 발족되었다. 5월에는 경시청이 "납치 의혹은 7건으로 총 10명"이라고 공표하는 등, 드디어 납치 문제가 표면화되기 시작하는 시기였다.

"우리나라 정부가 당연히 지켜야 하는 인명과 인권이 침해되고 있다. 이에 대해서 정부는 아무 일도 하지 못하고 있다. 이는 국가로서 의무를 포기하는 것이나 마찬가지다."

그리고 2주 후인 6월 4일에도 아베는 다시 한 번 국회 질의에 나섰다.

"(북한은) 테러 국가라고 해도 좋을 것이다. 이것(납치)은 그야말로 국가에 의한 범죄 행위다. 이를 해결하기 위해서는 국가가 강력한 의지를 가지고 상대하지 않으면 안 된다."

그러나 아베의 질의는 전혀 주목받지 못했다. 질의 다음 날의 각사 신문 기사를 찾아보니, 일본인 부인의 고향 방문 문제와 함께 정부가 납치 의혹 문제에 대해 각 부처와 긴밀하게 연락을 취하겠다는 내용을 다룬 작은 기사는 있었지만, 질의자의 이름은 나와 있지 않았다.

"내가 질의한 당시에는 납치 문제를 언급해도 당내에서는 물론 사회에서도 관심을 보이지 않았으며, 질의를 한 나와 히라사와(가쓰에이) 씨는 당내에서도 이상한 사람 취급을 받았다."

아베는 이렇게 회고했다.

이때쯤, 자신의 불우함을 푸념하던 아베와는 대조적으로 젊은 의원들이 각광받는 사건이 있었다. '금융국회'다.

1997년부터 1998년에 걸쳐 홋카이도타쿠쇼쿠은행과 야마이치증권 등의 파산을 계기로 금융위기가 심각해지면서 막 출범한 오부치 내각에서는 1998년의 임시국회에서 일본장기신용은행 등의 대형 은행을 구제하는 금융재생법안을 국회에 제출했으며, 이에 대해 민주당, 신당평화(공명당), 자유당 등의 야권 측이 대책을 제출하는 등, 은행 구제를 둘러싸고 국회에서 큰 논쟁이 펼쳐졌다.

이때 야당과의 절충을 위해 최전선에 나선 것은 각 당의 간부나 중진 의원이 아닌 '정책 신인류'라고 불리던 젊은 의원들이었다. 앞으로 당 간부나 주요 각료로 출세하는 신인류의 면면을 보면 자민당에서는 일본은행 출신의 시오자키 야스히사[塩崎恭久], 이시하라 노부테루[石原伸晃], 와타나베 요시미[渡辺喜美], 민주당에서는 에다노 유키오[枝野幸男], 이케다 모토히사[池田元久], 후루카와 모토히사

[古川元久] 등이 있었다.

그들은 '호송 선단 방식(護送船団方式, 은행의 도산 방지를 위해 은행 간의 과도한 경쟁을 제한하는 정책. 콘보이 시스템(convoy system)이라고도 한다-옮긴이)'이라고 불린 대장성 주도의 은행 행정에 비판적이어서 정부안이 아닌 야당안을 축으로 금융 안정화 대책을 논의했고, 오부치 내각은 최종적으로 야당안을 그대로 받아들이는 형태로 법안을 수정, 성립시켰다. 이 일로 인해 정책 신인류들은 일약 주가를 높였다.

그러나 경제나 금융 분야에 취약하다고 여겨졌기 때문일까? 아베는 이 멤버에 선택되지 못한 채 당선 동기인 시오자키 등의 활약상을 지켜보고 있을 수밖에 없었다.

"이봐, 금융업이 그렇게 돈을 많이 버는 거야?"

당시 금융위기 대책에 동분서주하던 모 의원은 아베로부터 이런 말을 듣고 그만 쓴웃음이 나왔다고 했다.

신인의 등용문에서 실패하다

동료 의원들의 눈부신 활약상을 그저 부럽게 바라보던 아베는, 이즈음 자민당 사회부회에 소속된 젊은 의원들과 '사회보장정책 공부회'를 만들었다. 이른바 '나이스회(NAIS)'다.

경애하는 기시가 총리 재임 중에 최저임금법과 국립연금제도를 확립하여 현재 일본의 사회보장제도의 기초를 만들었다는 점도 어느 정도 작용했지만, 대학 시절에 친구에게 "정치가가 되면 복지를 하고 싶다"고 이야기했던 아베는 의원이 되면서 당의 외교부회 외에 복지나 의료, 연금 등의 정책을 담당하는 '사회부회(현재는 후생노동부회)'에 소속되어 '후생노동족'으로서의 길을 걷고 있었다.

당시의 사회부회에는 당선 동기로 정책 신인류인 시오자키 야스히사, 이시하라 노부테루(1기 선배) 등이 있었다. 아베는 시오자키, 이시하라 그리고 동기인 네모토 다쿠미[根本匠] 등과 함께 정책 공부회를 만들어 4명의 이니셜을 따서 '나이스회'라고 명명했다.

아베는 금융국회 이후의 오부치 내각이 공명당, 자유당과 함께 자자공연립을 만들자, 젊은 후생노동족의 등용문이라고 할 수 있는 자민당 사회부회장에 취임(1999년)하며 중책을 맡게 되었다. 건강보험, 연금과 함께 후생행정의 한 축이 되는 '개호보험제도(간병보험제도-옮긴이)'의 도입 문제였다.

후생성은 무슨 일이 있어도 제도를 도입하려는 입장이었지만, 자민당 내에서는 정책 책임자인 가메이 시즈카[亀井静香] 정조회장이 "자식이 부모의 병상을 지키는 우리나라의 미풍양속을 해친다"는 이유로 도입 자체를 반대하는 등, 매파의 장로 의원들의 반대가 강경해서 당내 조정에 난항을 겪고 있었다. 새로운 개호보험제도가 도입되면 국민은 건강보험료 외에도 개호보험료를 부담해야 한다는 데 대해 비판과 반대가 강했던 것도 그 이유였다.

백전노장인 베테랑들을 어떻게 설득하는가에 따라 사회부회장인 아베의 가치가 평가받는 국면이었다. 난국이었지만 가치를 높일 수 있는 기회이기도 했다.

당내 협의의 최종 단계에서 가메이 등의 반대파는 "개호보험제도는 도입하되 개호보험료 징수를 동결할 것"을 주장했다. 이에 대하여 아베는 사회부회에서 결정한 "보험료 징수는 동결할 수 없다"는 방침을 고수하면서 반대파와 대립했다. 최종적으로는 보험료 징수를 "반년간 동결한다"고 하는, 문자 그대로 쌍방의 의견을 더해서 둘로 나눈 타협안을 도출했다. 아베는 "개호보험제도를 순탄하게 출발시켰다"고 자부했지만, 당시 사회부회 멤버였던 자민당 의원들의 평가는 좀 더 엄격하다.

"당의 조정 역할을 맡은 부회장직은 젊은 의원들의 실력을 보여줄 수 있는 자리인데 개호보험 도입이라고 하는 절호의 기회에서 아베는 등용문을 보기 좋게 통과하지는 못했다."

그러나 아베에게는 마이너스 평가를 보상하는 '운(運)'과 '신타로의 아들'이라고 하는 배경이 있었다.

총리인 오부치가 뇌경색으로 쓰러지고, 2000년 4월에 아버지 신타로의 제자였던 모리 요시로가 총리에 취임한 것은 지금 돌이켜보면 아베의 최대의 전환기였다고 말해도 과언이 아니다. 오부치 내각의 각료를 그대로 이어받은 모리는 그해 7월에 내각 개조를 단행(제2차 모리 내각)하며 '은인의 아들'인 아베를 내각의 관방부장관으로 발탁했다.

관방부장관은 총리 관저에서 총리를 보좌하는 정권의 중추부와 관련된 중요 위치다. 총리, 총재 파벌에서 젊은 유망주가 발탁되어 '총리의 내조역', '내각의 우두머리'라고 불리는 관방장관 밑에서 간부 후보생으로서 훈련받는 자리인 것이다.

'평상시' 부장관은 법안 성립을 위한 국회 운영이 원활히 진행될 수 있도록 여당의 국회대책위원장을 비롯한 집행부와의 연락책 역할을 하며, 때로는 뒤에서 야당과도 여건 조성을 위해 접촉하기도 한다. 각 부서에서 올라오는 정보량도 막대하고 인맥도 넓힐 수 있어서 젊은 정치가에게 최고의 등용문이라고 할 수 있다. 모리 역시 후쿠다 다케오 정권 시대에 관방부장관을 경험했다. 당시 총리 관저에서 살다시

피 한 필자는 "힘들지만 보람도 있고 재미있다"고 했던 모리의 말을 기억하고 있다.

이미 이야기한 것처럼, 오자와 이치로는 자치대신을 역임한 후 당시 7선으로 다케시타 내각에서 관방부장관으로서 실력을 발휘한 데 비해, 아베는 재선 의원으로 대신은 고사하고 정무차관 경험도 없었지만 모리 내각 그리고 그 후의 고이즈미 내각까지 3년 남짓이나 부장관을 역임했다. 정치 명문가로서 물려받은 부모의 후광 덕분이었다고 할 수 있다.

그런데 이 관방부장관 시절의 '나이스회' 동료들과의 행동으로 인해 그 후 매스컴으로부터 추궁당하는데, 이는 아베 자신은 생각지도 못했던 일임에 틀림없다.

발단은 2004년 일본치과의사연맹(일치연) 사건이었다.

일본의사연맹(일의연)과 어깨를 나란히 하는 자민당의 스폰서로 알려진 일치연이 치과 진료 수가 개정 등을 유리하게 하기 위해 20억 엔 이상을 정계 로비에 사용한 사건이다. 이때 전 총리인 하시모토 류타로, 전 자민당 간사장인 노나카 히로무[野中広務], 자민당 참의원 간사장인 아오키 미키오[青木幹雄]의 3명이 일본치과의사회 회장으로부터 1억 엔의 수표를 받은 '하시모토파 1억 엔 사건'이 유명했지만, 도쿄지검 특수부는 이외에도 진료 수가를 둘러싼 로비 사건과 치과협회장 선출을 둘러싼 횡령, 선거 매수 등의 일련의 사건을 수사하여, 일치연 간부 6명과 중의협의회(중앙사회보험의료협의회) 2명, 자민당 국회의원 2명, 자민당 파벌 회계 책임자, 지방의원 5명 등 총 16명을 기소하여 전원 유죄 판결을 받아낸 대규모 사건이었다.

일치연은 2015년에도 자민당 참의원 의원들에게 우회 헌금을 준 전 회장 등 전 간부 3명이 체포되는 정치자금규정법 위반 사건을 일으켰는데, 2004년 당시 의혹의 와중에 아베 등의 젊은 후생노동족의 이름이 떠올랐다. 일치연은 그때까지 의사들만의 권한이었던 신체장애자 인정 진단서를 치과 의사들도 발급할 수 있도록 신체장애자복지법을 개정하기 위한 정치권 로비를 목적으로 나이스회에 접근했다. 그 결과 2001년 9월, 후생노동성은 종래의 방침을 바꿔 장애보건복지부장의 통지에 의해 치과 의사에게 장애자 인정 진단서를 발급할 수 있도록 하는 권한을 부여하여 일치연 측의 요청이 실현되었다.

일치연 기관지인 《일치광보(日歯広報)》(2001년 10월 5일호)는 「치과 의사도 진단 작성이 가능한 신체장애자복지법 15조 개정에 대한 후생노동성 통지」라는 제목의 기사에서 다음과 같이 밝혔다.

> 이번 개정에는 일본의사회의 쓰보이[坪井] 회장, 이시카와[石川] 부회장, 아베[安部] 관방부장관, 이미다[今田] 후생노동성 장애보건복지부장, 네모토[根本] 중원 의원 등의 관대한 협력이 있었다.

일치연 기관지에서 아베[安倍]의 이름이 '安部'로 잘못 표기된 것을 보면 당시 의원으로서의 지명도가 어떠했는지를 가늠할 수 있는데, 눈에 띄지 않는 업계 홍보지에 실린 이 한 문장이 이후에 의혹의 증거로서 아베를 괴롭히게 되었다.

일치연으로부터 아베 측으로 100만 엔의 헌금이 들어온 것이 발각되어 개정법에의 '관대한 협력'과의 관계에 대한 소문이 무성했다. 일

천한 경험에 걸맞지 않게 관방부장관이라고 하는 중책을 맡은 것이 오히려 화가 되어 아베의 정치 인생에서 처음으로 금권 스캔들에 휘말리게 된 것이다.

결국 아베에게까지 수사의 손이 미치지 않은 채로 사건이 종료되어 이 추문을 벗어날 수 있었지만, 이후에도 아베는 윤택한 자금력 때문에 계속해서 '정치와 돈'에 얽힌 소문에 이름을 올리게 된다.

‘조매파’의 갑옷

관방부장관 시절까지의 아베는 ‘기시의 손자’, ‘신타로의 아들’이라는 화려한 정치가 일족의 3세로 이름이 알려지기는 했지만, 정책적인 실적으로 화제가 된 적은 없었다.

외교족으로서 국회에서 질의한 납치 의혹 문제는 묵살되었고, 후생노동족으로서 주력을 쏟았던 개호보험과 장애자복지법 개정에서는 마이너스 평가를 받았으며, ‘정책 신인류’라고 불리지도 못했다.

외조부와 부친의 실적을 등에 업고 정계에 뛰어든 아베는 이 시기에 커다란 벽에 부딪히며 스스로의 정치가로서의 입지에 대해 고민했던 것으로 보인다. 대학 시절 친구를 만난 자리에서 “외교와 국방은 자신 있는데, 경제나 재무 분야의 공부는 아직 많이 부족하다”고 털어놨다고 한다.

이러한 때 아베가 도출한 답은 할아버지인 기시를 계승한 '초매파 정치가'라고 하는 갑옷을 몸에 걸치는 것이 아니었을까? 관방부장관 시절, 아베가 매스컴의 커다란 주목을 받는 설화 사건을 일으킨 것도 정계에서의 입지를 찾으려 발버둥 치던 아베의 심경을 생각해보면 놀랄 일이 아니다.

"헌법상으로는 원자폭탄도 문제가 없습니다, 헌법상은 말이죠. 소형이라면 괜찮아요."

"그건 제 사견이 아닙니다. 대륙간탄도미사일이나 전략미사일로 도시를 겨냥하는 것은 안 되겠죠. 하지만 일본을 향해 발사되는 미사일을 쏘는 것, 그것은 가능합니다. 일본은 비핵3원칙이 있으니 시행되지 않겠지만, 전술핵을 사용하는 것 자체는 쇼와 35년(1960년)의 기시 총리 답변에서 '위헌이 아니다'라는 답변이 있었습니다. 위헌은 아닌데 일본인들은 그 부분을 좀 오해하고 있는 겁니다. 단, 그것(전술핵의 사용)을 하지는 않겠지만요. 그러나 이는 법률론과 정책론이라는 면에서 별개입니다. 가능한 것을 모두 할 수는 없으니까 말이죠."

2002년 5월 13일, 아베는 와세다대학의 강연에서 이른바 '핵보유 합헌론'을 전개했고, 주간지인 《선데이 마이니치》(2002년 6월 2일호)가 이를 대서특필하면서 국회에서도 문제가 되었다.

아베는 "정부의 해석을 소개했을 뿐"이라며 서둘러 진화에 나섰지만, 아베의 상관인 후쿠다 야스오[福田康夫] 관방장관은 이 발언에 대해 "벌레를 씹은 듯 불쾌하다(자민당 의원의 증언)"라고 반응했으며, 아베는 자민당 간부들로부터도 단단히 주의를 들었다.

"아무리 법률론이라고는 하지만 정부 관계자로서 국회 회기 중에 야당을 가장 자극하는 주제를 거론하는 감각을 이해할 수 없다. 공개된 장소에서의 발언은 아무리 오프 더 레코드가 전제라고 해도 새어 나갈 수 있다는 점을 인식한 후에 이야기하는 센스가 없다면 곤란하다."

이 발언이 있은 후 필자가 만나서 이야기를 들은 대학 시절 친구들은 고개를 갸우뚱거렸다. "아베 군은 대학 시절과는 딴사람이 된 것 같다"는 것이 모두의 의견이었다. 그중 한 사람은 이런 이야기도 했다.

"대학 시절의 아베 군은 할아버지인 기시 씨의 영향을 많이 받기는 했지만, 그에게서 핵무장이라든가 하는 강경 발언은 들은 적이 없습니다. 대학에서는 일본 정치사나 정치 사상사 수업이 있었지만 아베 군이 수업에 출강해서 열심히 공부한 모습을 본 적이 없으니까요. 그런데 지금은 핵무장이 가능하다고 발언한 후에 문제가 되니까 바로 변명을 둘러대더군요. 대학 시절 은사도 '나중에 변명할 거라면 정치가로서 다시 한 번 잘 생각한 후에 발언했어야 했다'고 걱정하셨습니다. 얼마 전 동창 모임에서 아베 군으로부터 젊은 의원들과 공부회를 만들어 아침 7시에 조식을 하면서 강사를 초청해 '일본의 장래를 어떻게 만들까'에 대해 강론을 펼친다고 들었습니다. 그렇지만 정말로 공부하면서 몸에 익힌 사상이라면 비판을 받아도 제대로 반론할 수 있었을 텐데, 공부회에서 강사에게 겉핥기로 들은 이야기를 요령껏 간추려서 너무 오른쪽으로 기울어져버린 것이 아닐까 싶습니다. 그런 식으로 해도 괜찮은지 지켜보고 있습니다."

그런데 나가타초라는 곳은 일반 국민들의 감각과는 무척 다른 곳으로, 이 발언을 계기로 아베는 동료인 매파 의원들로부터 '젊은 매파의 기수', '매파의 귀공자'라는 평가를 얻었다. 아베를 등에 업은 것이 '친구들'이라고 불리는 매파 의원 집단이다. 이렇다 할 만한 실적도 없고 전문 분야도 없었던 아베가 '이거다!'라고 생각한 것은 당연했다.

고이즈미 방북
—드디어 찾아온 기회

관방부장관 시절이 끝날 무렵, "관저에는 아베가 있다"는 평가를 받게 만든 사건이 찾아왔다. 2002년 9월 17일의 고이즈미 방북이다.

방북 전까지 아베와 외무성의 아시아대양주국장인 다나카 히토시[田中均], 그 배후의 후쿠다 야스오 관방장관 사이에서 갈등과 경쟁이 벌어졌지만 자세한 내용은 뒤에서 다루기로 하고, 우선은 고이즈미 정권 시대의 일북 교섭과 아베의 족적에 대해 대략적으로 살펴보겠다.

아베는 고이즈미와 동행하여 정부 전용기로 평양으로 향했다.

9월 17일 오전 10시를 조금 지난 시각, 평양의 '백화원영빈관.' 30분 후에 김정일 국방위원장과의 정상회담을 앞둔 고이즈미의 방에 얼굴이 파랗게 질린 다나카 국장이 달려왔다. 그의 손에는 북한 측으로부터 넘겨받은 납치 피해자들의 생존 리스트가 들려 있었다.

8명 사망, 생존 5명, 해당자 없음 1명.

피해자 전원의 안부를 확인하고 북한의 납치 인정과 사과를 받아내는 것을 양보할 수 없는 마지노선으로 삼고 있던 고이즈미와 아베에게는 전혀 예상치 못했던 내용이었다.

"큰일이군……."

리스트를 본 순간 고이즈미가 절규했다.

"사망이라니, 이건 말도 안 됩니다. 회의석상에서 김정일 국방위원장에게 강력하게 항의하셔야 합니다."

침통한 공기를 가르며 아베가 고이즈미에게 강한 어조로 이렇게 요구했다. 고이즈미는 회의의 모두발언에서 아베의 말대로 했다.

정오가 조금 지나서 첫 번째 회담이 종료되었다.

점심식사 테이블에는 아베가 일본에서 준비해 온 주먹밥이 차려져 있었다. 충격을 받은 고이즈미는 주먹밥에 손을 데려고도 하지 않고 지그시 눈을 감은 채, '일북평양선언'에 조인하여 암초에 부딪힌 국교정상화 교섭을 재개해야 할지에 대해 깊은 생각에 잠겨 있었다. 이때 아베가 다시 강하게 주장했다.

"(오후 회담에서) 사죄가 없다면 조인에 대해 다시 생각해보셔야 합니다. 이대로라면 귀국해야 합니다."

"그래야겠지……."

고이즈미는 회담 결렬을 각오하고 결심을 굳혔다.

오후 2시가 넘어 회담이 재개되었다. 돌연 김정일은 "납치 문제는 유감스러운 일로 사죄하고 싶다"고 표명했다. "북한에서는 귀빈의 방에 도청 장치가 있는 것이 상식(자민당납치의연(북한에 납치된 일본인을 신속히 구출하기 위한 의원 연맹-옮긴이) 간부의 말)"으로, 대기실에서 고이즈미와 아베가 한 대화를 듣고 있던 김정일 국방위원장이 "결렬을 피하기 위해 사죄를 결단한 것(위의 간부)"이라는 견해는 부정할 수 없다. 물론 고이즈미도 도청되고 있다는 것을 간파하고 강경파인 아베에게 자유롭게 발언하도록 한 것이라고 추론할 수 있다.

두 번째 정상회담에서는 고이즈미가 자리를 박차고 일어나는 일 없이 일북공동선언이 조인되었다. 그러나 이 선언문에는 '납치'라는 두 글자가 빠져 있었다. 무엇보다 8명 사망이라고 하는 예상 밖의 소식이 "역사적인 일북정상회담의 성과를 상쇄시킨 것(납치의연 간부)"과 마찬가지였다.

같은 날 심야, 하네다 공항에 도착한 고이즈미는 마중 나온 후쿠다를 향해 "납치 문제가 저렇게 되어버려서……"라고 했을 뿐, 뒷말을 잇지 못했다.

병사, 일산화탄소 중독사, 교통사고, 해수욕장에서 익사 등등 억지로 갖다 붙인 듯 아무 근거 없는 사인이 써 있는 안부 조사 결과 보고서가 공개되자 납치 피해자 가족은 분노를 터뜨렸다. 더욱이 도쿄 아자부[麻布]에 위치한 외무성의 이구라[飯倉] 공관에서 "후쿠다 관방장관이 차례대로 '○○씨, 사고사', '××씨, 익사' 등 기계적인 말투로 일방 통보했다(납치 피해자 가족의 증언)"는 사실은 납치 피해자 가족뿐 아니라 국민들에게도 이해를 얻지 못했다.

"8명 사망에 납치라는 글자도 없는 선언문에 왜 서명했는가."

고이즈미에 대한 여론의 평가 역시 1차 방북 때는 참담 그 자체였다.

한편, 일북 교섭에 대한 심층 보도에서 아베가 현지에서 "사죄가 없다면 귀국해야 한다"고 고이즈미를 몰아붙인 사실이 보도되면서, 고이즈미와는 대조적으로 북한을 상대로 '강력한 협상가'의 역할을 한 아베에 대한 평가가 급격히 올라갔다. "매파는 입으로만 일하면 된다"는 것이 정계에서 자주 언급되는 비판인데, "강경한 태도로 나왔다"는 것만으로 외교 실책이 오히려 인기 상승으로 연결되는 이 수법을 아베가 훗날까지 바꾸지 않은 것도 당연한 것이리라.

그런데 아베 자신은 북한에서의 정상회담의 결과에 크게 동요하고 있었다.

후에 "납치 피해자의 얼굴이 떠올라 떨리는 마음으로 리스트를 들여다보았다"고 말한 아베는 귀국한 날 밤에 한잠도 자지 못했다고 한다. "피해자 가족에게 어떠한 질책을 받더라도 하루빨리 만나서 정부의 무능함을 솔직히 사죄해야 한다"고 생각했다고 하니, 다소 각색이 있었다고 해도 적어도 "실패했다. 큰일이다"라고 느낀 것은 사실일 것이다. 뜬눈으로 밤을 새운 아베는 다음 날 아침 9시가 조금 지나 자택에서 피해자 가족의 합숙소인 도쿄 시바의 미타 회관으로 직행했다.

"생각지 못하게 대단히 유감스러운 결과가 되어서 죄송하다는 마음뿐입니다."

아베는 깊이 머리를 숙였다. 이 솔직한 행동은 분노에 타오르던 납치 피해자 가족의 마음을 사로잡았으며 "아베 씨는 믿을 수 있다"라는 평가를 얻어냈다.

그리고 2년 후에 고이즈미의 두 번째 방북(2004년 5월 22일)을 통해 지무라 야스시[地村保志] 씨와 하마모토 후키에[浜本富貴恵] 씨 부부, 하스이케 가오루[蓮池薫] 씨와 오쿠도 유키코[奥土祐木子] 씨 부부, 소가 히토미[曾我ひとみ] 씨 등의 5명이 북한으로부터 일시 귀국을 허락받아 일본에 입국하자, "약속을 했으니 북한으로 돌려보내야 한다"는 외무성의 방침에 대해 아베는 가족회의 의향을 받아들여 "돌려보내서는 안 된다"고 주장했다. 고이즈미의 결단으로 5명을 북한으로 가지 않고 일본에 머물렀다.

이 일로 납치 피해자 5명의 생환의 길을 연 고이즈미의 외교 성과보다, 강경 자세를 취한 아베가 주목을 받으며 '납치의 아베'라는 명성을 얻고 5명 귀국의 공로를 독차지했다.

필자가 요코타 메구미 씨의 부모인 시게루[滋] 씨와 사키에[早紀江] 씨 부부를 방문한 것은 2003년 늦은 가을이었다.

"사실은 (북한에서 귀국하신) 고이즈미 씨가 만나주시는 것이 도리라고 생각했습니다. 그런데 아베 씨가 바로 다음 날 아침에 달려와 주셨습니다. 정말 고마웠습니다"라고 말문을 연 사키에 씨가 말을 이었다.

"아베 씨가 북한에서 '일본으로 돌아가자'고 한 말을 듣고 정말 납치 피해자와 가족들을 생각해 주는 분이라고 새삼 인식하게 되었습니다. 힘든 상황에서 열심히 하는 모습이 정말 우리들을 위해서 노력하고 있는 것처럼 보이니까요. 아베 씨의 그런 면이 쌓여서 우리 모두의 신뢰를 얻은 게 아닐까 생각합니다."

시게루 씨 역시 다음과 같이 이야기했다.

"지금까지는 기대한 결과가 나오지 않으면 '(정부는) 도대체 무엇을 하고 있는가'라며 질책하는 말이 나왔지만, 아베 씨가 전면에 나서고부터 가족들 사이에서는 방북 시의 행동에 대해서도 '잘해주었다'는 평가가 나왔다. 아베 씨라는 인물 덕에 정부에 대해 신뢰감이 생겨났다고 할 수 있다."

일본 정부가 인정한 납치 피해자인 아리모토 게이코[有本恵子] 씨의 어머니 가요코[嘉代子] 씨의 이야기도 들어봤다.

"아침에 저희를 찾아왔을 때 아베 씨의 첫 마디는 '비서관 시절부터 계속 소식을 알아보던 분들이 그곳에서 돌아가셨다고 듣고 정말 가슴 아프게 생각했습니다'고 말씀해주셨어요. 그 말에서 아베 씨의 인품과 정을 느꼈습니다. 아베 선생님뿐이에요, 믿을 수 있는 분은……."

옆에서 듣고 있던 게이코 씨의 부친 아키히로[明弘]도 거들었다.

"우리 가족들은 아베 씨가 고군분투하고 있다고 생각합니다. 신뢰하고 있기 때문에 그렇게 보고 있는 겁니다."

당시 아베에 대한 가족회의 신뢰는 절대적이었다.

그 후 납치 피해자를 북한에 돌려보내지 않은 고이즈미 정부의 대응에 대해 '약속 위반'이라고 반발한 북한 측은 일북평양선언을 사실상 파기하고 '핵무기 보유' 공식 선언(2005년), 탄도미사일 발사 실험(2006년 7월), 아베 정권에 접어들어서는 지하 핵실험(2006년 10월)까지 강행하는 등 도발 수위를 높여갔다.

일북 교섭은 막다른 곳에 처했지만, 고이즈미는 북한과의 교섭에서 재빨리 발을 빼고 국민의 관심을 다른 곳으로 돌리는 전략에 나섰다. 이런 정치 감각에서 고이즈미는 천재적인 재능을 가지고 있다. 납치 문제로 '기시, 아베 가문의 후계자'에서 일약 전국구 스타가 된 아베를 정권 부양과 2004년의 참의원 선거에 이용한 것이다. 대신 경험도 없는 아베가 자민당 간사장에 전격 발탁된 것은 명백하게 정치적 계산이 깔린 인선이었다.

아베는 '납치' 문제 하나로 총리의 자리에 올라갈 수 있는 기회를 얻은 것이다.

5장

너무 빨랐던
출세의 계단

대역전의
자민당 간사장 취임

자민당 사회부회장 시절, 개호보험제도의 도입 과정에서 '출세의 등용문'을 멋지게 통과하는 데 실패한 아베에게 2003년 9월 21일, 49세의 생일날 예상치 못한 큰 역할이 찾아온다. 납치 문제로 명성이 높아진 것을 계기로, 관방부장관에서 단숨에 자민당 간사장으로 전격 발탁된 것이다. 당선 횟수는 겨우 3회, 의원 경력 10년, 각료(대신-옮긴이) 경험도 아직 없었다.

간사장은 총재에 이어 자민당의 넘버 2의 자리다. 1955년에 보수연합에 의해 자민당이 탄생한 이래, 초대인 기시 노부스케부터 아베까지 31명(총 37대)의 역대 간사장 중에서 기시를 비롯해 미키 다케오, 후쿠다 다케오, 다나카 가쿠에이, 나카소네 야스히로, 오히라 마사요시, 다케시타 노보루, 하시모토 류타로, 오부치 게이조[小渊恵

三], 모리 요시로 등 10명(취임 순)은 자민당 총재—총리의 자리에 올랐다.

간사장이라는 자리는 그야말로 권력의 계단을 뛰어 올라가는 마지막 관문이다. 더구나 자민당 정권하에서 총재는 총리대신의 역할을 맡고 있기 때문에 모든 당무는 간사장이 도맡아 처리한다. 자민당의 진급 시스템을 보면 출세가 빠른 의원이라도 5선 의원 정도라야 '내각부(內閣府)' 소속의 담당대신 등 '경량급' 각료로 처음 입각하고, 두 번째 입각에서 비로소 '성(省)지기'로 불리는 담당대신에 기용된다. 그중에서도 재무대신, 외무대신이라고 하는 주요 각료를 거치면서, 당 3역 중에서도 정조회장, 총무회장 등을 경험해야 비로소 '간사장 자격'을 취득하는 것이 일반적이다(일본의 행정조직은 1부, 13성청으로 구성되어 있는데 내각부의 소속부처와 성은 인력과 규모 면에서 큰 차이가 난다-옮긴이).

신타로가 간사장이 되어 '차기 총리의 유망주'에 취임한 때가 당시 11선(중간에 한 번 낙선함)이던 63세였던 것과 비교하면, '아베 간사장'이 얼마나 이례적인 인사였던가를 알 수 있다. 소위 '4계급 특진'이었던 것이다.

참고로, 49세에 간사장 취임이라는 기록은 47세로 취임한 다나카 가쿠에이와 오자와 이치로에 이어 역대 세 번째로 젊은 나이였지만, 다나카는 사토 에이사쿠 내각에서 간사장이 되기까지 8선 의원으로 우정대신, 정조회장, 대장성대신을 역임했다. 또한 "간사장을 하기엔 아직 젊다"라고 한 오자와 역시 가이후 도시키[海部俊樹] 내각에서 간사장 취임 당시, 의원 생활 20년째인 7선 의원으로 자치성대신과

'중요 관료에 상당하는 직책'이라 평가되는 중의원 의원운영위원장을 역임했다. 아베는 다나카나 오자와에 견주어볼 때 젊다는 공통점은 있었으나, 나가타초에서의 실적에는 현격한 차이가 있고, '무게감'이 달랐다. 요컨대 다나카나 오자와처럼 비범한 능력을 평가받아 발탁된 것이 아니라, 고이즈미 총리의 특기인 '국민에게 어필하는 퍼포먼스'의 색채가 짙은 인선이었다.

물론 아베 본인도 "계장이 갑자기 사장이 된 것처럼 터무니없는 일"이라고 말한 것처럼, 간사장 자리의 중압감을 충분히 느끼고 있었다. 그렇게 빨리 간사장 자리에 기용될 줄은 꿈에도 몰랐을 것이리라. 당시에는 3선 의원에게 적합한 자리인 '부간사장' 자리에 물망이 올랐다는 소문이 무성했고, 본인도 그렇게 생각하고 있었다는 것이 필자의 취재에서 나타난 정황이었다.

필자는 서프라이즈 인선 10일 후, 도쿄 시부야 구 도미가오카[富が丘]에 있는 아베의 사택으로 요코를 인터뷰하기 위해 찾아갔다.

아베가의 사택은 신타로 사후에 한 집당 200제곱미터 정도의 주거 공간이 여섯 집 있는 3층 건물을 맨션으로 개조한 것이었다. 2층은 신조 부부, 3층은 어머니 요코의 집이었고, 1층은 당시 영국 미쓰비시상사 생활산업부장으로 런던에 부임 중인 형 히로노부 일가가 귀국 후에 살 집이었다. 남은 세 집은 외국인들에게 세를 놓았다.

요코의 집에서 엘리베이터와 연결된 다다미 6첩 크기의 현관을 거쳐 30평 정도 되는 넓은 거실로 안내를 받았다. 현관과 거실에는 '간사장 취임 축하'로 받은 호접란이 넘쳐났다. 신조가 아버지 신타로보다 14살이나 일찍 간사장에 취임한 이야기로 화제를 돌리자, 요코는

"너무 큰 역할이라 조금 걱정이 됩니다"라며 아들의 출세를 기뻐하는 한편 어머니로서의 걱정이 담긴 어조로 말문을 열었다. 그리고 이렇게 밝혔다.

"(신조는 인사 개편으로) 당의 일을 맡게 될 것 같으니 당무에 대해 공부를 좀 해야 할 것 같다고 하더군요. '부'가 붙는 자리(부간사장) 어쩌고 하면서……. 그런데 갑자기 간사장이라는 말을 듣고 '정말이니?' 하고 깜짝 놀랐습니다. 그래서 신타로의 불단(죽은 사람의 위패를 모신 제단-옮긴이)에 보고하고, 그날은 정말 정신없이 보냈습니다. 신조가 집에 돌아온 시각은 밤 11시쯤이었어요. 마침 신조의 생일이라 이곳에서 생일 케이크를 먹으며 와인으로 건배했어요."

"선거만 생각하고 하면 된다"

모친인 요코뿐 아니라 모두가 깜짝 놀란 인선의 배후에는 고이즈미의 선거 전략이 깊이 관련되어 있었다.

인기가 없었던 모리 요시로 내각(정권 말기에 지지율이 한 자릿수까지 추락했다)의 뒤를 이은 고이즈미 내각은 출발 초기에 70퍼센트를 넘는 높은 지지율을 얻었지만, 당시 자민당의 국회 권력은 중의원이 겨우 과반수인 247석, 참의원은 과반수에 못 미쳐서 공명당, 보수당과의 연립으로 정권을 유지하던 상태였다. 더구나 믿었던 지지율마저 정권의 간판 스타였던 다나카 마키코[田中真紀子](다나카 가쿠에이 전 총리의 딸-옮긴이) 외무대신의 경질 사태로 30퍼센트까지 떨어져버렸다.

이러한 정권의 위기에서 단행한 전격 방북(2002년 9월)으로 지지율이 V자 회복을 보인 것이다. 선거에 관한 후각이 누구보다 뛰어났던 고이즈미는 기회를 놓치지 않고 내각을 해산해, 자진해서 총선거를 치러 정권 기반 강화를 꾀하려는 전략을 품고 있었다. 이듬해 2004년 여름에는 참의원 선거도 앞두고 있었다.

중·참의원 선거에서 승리하기 위해서는 다나카 마키코를 대신할 정권의 간판 스타와 여성 스캔들로 물의를 빚은 '맹우' 야마자키 다쿠[山崎拓] 간사장의 교체가 필요했다. 그 대상으로 고이즈미가 눈독들인 인물이 납치 문제로 일약 스타가 된 아베였던 것이다.

그러나 당자사인 아베는 '부간사장'으로서 당무와 파벌 업무의 보조역을 담당하며 '걸레질'이라 불리는 수업을 받으려는 각오였기 때문에, 전격 발탁에 대한 기쁨보다는 불안감이 훨씬 컸다. 납치 문제에서 보여준 강경한 태도가 아베의 인기를 전국적으로 넓혀주었지만, 그것 외에 눈에 띄는 정치적, 정책적인 실적이 있을 리가 없었다. "너구리와 여우가 서로를 홀리는 동물원(가메이 시즈카의 표현)"으로 불리는 나가타초의 암투로 스스로 뛰어든 운명에, 말할 수 없는 불안이 고개를 들었다. 사실 아베는 간사장 취임을 망설이고 있었다.

간사장 취임의 다큐멘터리를 필자의 취재 메모로 재현해 보고자 한다. 이제 시간을 조금만 앞으로 되감아보자.

당 3역의 인사보다 조금 앞서, 아베는 소속 파벌 모리파의 수장인 모리 요시로 전 총리와 이런 대화를 나누었다.

모리: "이번 인선 말인데, 자네는 부간사장이 어떨까 하네만."

아베: "좋습니다. 그런데 한 가지 청이 있습니다. 제가 본부장이 되어 당

내에 납치문제대책본부를 설치할 수 있도록 해주시겠습니까?"

모리: "알겠네. 총리께도 말해두겠네."

총리 관저에서 모리와 고이즈미, 2대에 걸친 총리 밑에서 3년 남짓 관방부장관으로서 뒷받침해 온 아베는 스스로도 이제는 관저를 나올 때라고 느끼고 있었다. 이번에는 당무로 바빠지겠구나, 하고 예측했다. 그때 마침 정계에서 아버지 대신이라 할 수 있는 모리로부터 부간사장직에 대한 언질을 들은 것이다.

납치 문제를 언급한 것은 그것이 자신의 유일한 어필 포인트라는 점을 잘 알고 있었기 때문이다. 아베는 불안했다. 당시의 외무성에는 대북 온건파가 많았다. 자신이 총리 관저를 떠나게 되면 납치 피해자 가족이나 관계자들에게 불안과 동요를 줄 뿐 아니라 북한에 대한 '겁주기 노선'이 변경되는 것은 아닐까? 아베가 걱정하던 것은 이 점이었다.

납치문제대책본부의 설치가 가능하다면 부간사장 자리에 아무런 이의가 없었다. 9월 중순, 세이케이대학 동창생 48명과 도쿄 기오이[紀尾井] 정의 아카사카 프린스 호텔에서 회식한 자리에서 아베는 "이번 인선에서는 무슨 일을 맡게 되나?"라는 동창의 질문에 "당에 돌아가서 일하고 싶다. 아마도 부간사장이 될 것 같다"라고 대답했다.

그러나 인선 드라마의 막이 오르자, 이야기는 예상과 다른 방향으로 전개되었다.

누구도 예상치 못한 '간사장 취임' 소식을 아베에게 처음 전한 사람은 다름 아닌 모리였다.

그날(9월 21일)은 아베의 생일이었는데, 아내인 아키에는 지역구인 시모노세키로 내려가고 없었다. 오전 11시경, 평상시보다 천천히 출근 준비를 마친 아베는 아침 식사를 대신할 주스와 과일을 가지러 위층에 사는 어머니의 부엌으로 행했다. 계단을 오르고 있을 때 휴대전화가 울렸다. 모리였다.

모리: "지금 막 총리께 전화를 받았네. '아베 군에게는 간사장 자리를 맡기려 한다, 내가 전화하기 전에 모리 씨가 아베 군에게 이야기를 해주었으면 하는데, (아베 군이) 거절하지 않도록 설득해 달라' 말씀하셨네."

아베: "정말입니까?"

모리: "정치가는 이럴 때는 받아들이는 것이 좋아. 거절하면 다음 기회는 없을지도 모르거든."

세상의 평가와는 달리 모리라는 정치가는 꽤 노련한 인물인 것 같다. 부친이 이루지 못한 꿈을 잘 알고 있는 아베를 신타로의 후계자인 모리가 설득하는 것은 꽤 잘 짜인 각본이었다. 아베는 마음이 움직이기 시작했으나 위험한 다리를 건너기에는 아직 주저함이 있었다.

아베: "아니, 좀 기다려주세요. 공무원들은 대신의 말에 따르지만, 국회의원은 모두가 자신의 지역구를 가진 리더들입니다. 간사장이라는 점 때문에 저를 따라주지는 않을 겁니다. 저처럼 미숙한 사람이 간사장이 되면 당이 제대로 돌아가지 않을 겁니다. 폐를 끼

치게 되는 겁니다."

모리: "이건 천명(天命)이야."

그리고 한 번 더 쐐기를 박았다.

모리: "지금 무엇보다 당에 필요한 것은 선거에서 이기는 거야. 결심해 주게. 총리께 전화가 오면 받아들이게. 선거만 생각하고 맡아주게. 이것이 천명이라네. 총리께는 '아베 군이 받아들였다'고 보고하겠네."

전화가 끊긴 순간 아베는 양쪽 어깨에 몇 개나 되는 모래주머니를 짊어진 듯한 중압감을 느꼈다. 다시 계단을 오르려고 하자 잠시도 틈을 주지 않겠다는 듯 고이즈미에게 전화가 걸려왔다.

"모리 씨에게 들었다고 생각하네만, 간사장 자리를 꼭 맡아주게. 선거만 생각하고 하면 된다네."

고이즈미는 모리와 같은 말을 했다. 이 인선은 전직, 현직 총리로서 파벌의 투 톱이기도 한 두 사람이 상당히 심혈을 기울여 기획한 것이 틀림없었다. 아베는 결단을 내릴 수밖에 없었다.

기시와 신타로의 유산

'선거만 생각하라'고 한 모리와 고이즈미는 아베에게 간사장으로서의 수완을 기대한 것은 아니었다. 표를 모으기 위해서, 다시 말하면 사람을 끌어 모으려고 재주를 부리는 곰처럼 아베의 인기를 이용하려 한 것이다. 그 점은 아베 자신도 간파하고 있었지만, 주위의 눈은 역시나 가혹했다. 아베는 이 깜짝 인사가 그다지 자랑스럽지 못했다.

모리는 아베가 괴로운 입장에 몰리게 될 것이라는 점을 충분히 알고 있었다. 모리는 자민당이 야당으로 전락한 당시(1993년)와 오부치 게이조 정권(1998년 7월~2000년 4월)에 간사장을 역임했다. 따라서 그 중압감과 가혹함에 대해서는 "질릴 정도로 직접 체험(본인의 진술)"했다. 아직 젊은 아베가 중압감에 짓눌리게 될 것이라고 충분히 예상하고 있었다. 사실 모리는 고이즈미에게 '아베 간사장 구상'을 처음 들었을 때부터 아베를 언제까지고 간사장 자리에 앉혀둘 생각은 아니었다(총선거와 참의원 선거에서 승리한 후 아베를 간사장에서 물러나도록 해서 '득점'만을 남긴다. 신조의 장래를 위해서는 이 방법이 제일 좋다).

모리가 '선거만 생각하라'고 설득한 배경에는 이러한 생각이 있었던 것이다.

사실 모리는 간사장 인사 직후에 심복인 나카가와 히데나오[中川秀直] 국회대책위원장을 통해 고이즈미에게 강하게 못을 박았다.

"아베 군을 쓰고 버리는 일만은 절대 하지 말아주십시오."

고이즈미의 성격을 잘 아는 모리는 궁지에 몰린 아베가 천덕꾸러기가 되어 고이즈미에게 버려지는 사태를 강하게 경계하고 있었다. 다나카 마키코의 전례도 있었다.

모리가 이렇게까지 아베의 편을 드는 이유는 신세를 졌던 아베의 조부 기시와 부친 신타로에 대한 고마움과 꼭 갚아야 하는 의리가 있었기 때문이다.

모리가 국정 선거에 첫 출마한 것은 사토 에이사쿠 정권하에 치러진 1969년 제32회 총선거였는데, 당시 간사장인 다나카 가쿠에이로부터 가능성 없는 후보 취급을 받으면서 자민당 공천을 받지 못한 채 무소속으로 고립무원의 싸움을 해야 하는 처지였다. 그런 첫 선거에서 눈보라를 뚫고 기차를 타고 달려와 유세를 지원해준 사람이 기시였다. 당시 기시는 자주헌법제정국민회의 회장에 취임하는 등 정재계에서 여전히 권력을 유지하고 있었다.

"기시 씨가 모리의 선거를 지원하러 왔다!"

효과는 즉각적이었다. 유권자는 물론 모리 자신도 "전 총리를 부끄럽게 할 수 없다"라며 필사의 각오로 지역구를 뛰어다녔고, 아무도 예상치 못한 수석 당선을 달성했다.

당선 후 모리는 자민당 입당을 인정받아 기시파를 계승한 후쿠다파(세와카이)에 소속된다. 그리고 세와카이 회장을 이어받은 신타로 밑에서 시오카와 마사주로[塩川正十郎], 미쓰즈카 히로시, 가토 무쓰키[加藤六月]와 어깨를 나란히 하며 '아베파 사천왕'으로 불리는 위치까지 올라가게 된다.

그런 신타로가 총리, 총재를 눈앞에 두고 병상에서 죽음을 기다리고 있었을 때, "모리 군, 이렇게 된 이상 나에게 더 이상 정치는 힘들 것 같네. 신조에게 꿈을 잇게 하라는 하늘의 뜻 같아. 잘 부탁하네"라며 남긴 말이 모리의 머리에서 떠나지 않았다.

물론 정치가는 의리나 인정만으로 움직이는 것은 아니며, 움직이려고도 하지 않는다.

파벌 수장인 모리는 파벌 내에 유력한 '미래의 총리, 총재감'을 보유하고 있는 것이 킹메이커로서 자신이 정계에 큰 힘을 발휘할 수 있게 해준다는 것을 잘 알고 있었다. 모리는 당시 2명의 정계 서러브레드(thoroughbred, 혈통 좋은 경주마-옮긴이)를 포섭하고 있었다. 세와카이의 창립자인 후쿠다 다케오 전 총리의 아들로서 고이즈미 내각에서 관방장관을 지낸 후쿠다 야스오와 '기시의 손자이자 신타로의 아들'인 아베였다.

"고이즈미 다음은 연장자인 후쿠다, 그다음이 아베."

모리파에서 공공연하게 들리는 말이었다. 첫 출마에 앞서 지반, 간판, 가방(자금)을 부친으로부터 물려받은 아베는 49세에 간사장 취임이라는 '총리, 총재로의 패스포트'를 할아버지와 아버지의 정치적 유산으로서 손에 넣은 것이다.

시련과 좌절

그러나 신선한 인재 기용으로 승리를 노렸던 모리와 고이즈미의 선거 전략은 실패했다.

간사장 취임 2개월 후, 아베가 '선거의 얼굴'로 처음 지휘봉을 잡았던 2003년 11월의 제43회 총선거에서 자민당은 237석으로 10석이나 줄어들면서 과반수에 못 미치는 참패를 당했다. 연립 여당을 구성해 과반을 확보하기는 했지만, 제1야당인 민주당에 177석을 내주면서 민주당의 대약진을 지켜봐야 하는 처지가 되었다.

아베는 선거에서 기대하던 결과를 만들지 못했을 뿐 아니라, 당무에서도 모리의 염려가 적중했다.

총선거 후 고이즈미 정권은 커다란 정치적 결단에 내몰렸다. 이라크전쟁 후 현지의 치안 유지와 부흥 지원을 명목으로 한 자위대의 이라크 파병이다. 아베가 간사장으로 취임하기 전인 같은 해 7월에 파병의 근거가 되는 이라크 특별조치법이 성립되었지만, 실제로 파견할 때는 국회 승인이 의무화되어 있었다.

당을 아우르는 간사장의 주요 직무 중 하나가 중요 안건에 대해 당이 일사분란하게 임하도록 태세를 정비하는 것이다. 하물며 전후 처음으로 자위대의 육해공부대를 해외로 파견하는 "역사적인 첫걸음을 내딛는(아베)" 결단이므로, 당내의 이견이 생긴다면 간사장의 통치 능력이 의심받게 된다.

경량급 간사장의 능력 부족만이 원인은 아니었겠지만 자민당 내에서는 당론에 대한 '이탈' 움직임이 표면화되었고, 아베는 그 불씨를 끄기에 급급했다. 이탈의 배후에는 비둘기파가 많은 고치카이[宏池会] 출신의 가토 고이치[加藤紘一] 전 간사장, 고가 마코토[古賀誠] 전 간사장, 그리고 정조회장 출신인 가메이 시즈카라고 하는 3명의 거물 의원이 버티고 있었다. 이니셜을 따서 '3K'라고 불린 3인방은 연령이나 당선 횟수는 물론이고 당역과 관료 경험 면에서도 아베와 하늘과 땅 차이였다.

마침 이 시기에 필자는 취재로 아베를 만났다. 수면이 부족한 듯 피곤해 하는 그의 얼굴을 보고 "졸린가?"라고 물어보았다.

"네, 간사장이 되고 나서 수면 시간이 줄었습니다. 아무래도 이것저것 생각이 많아서요. 요즘엔 여러모로 복잡하니까요. 관방부장관 시절에도 나름 긴장감이 있었지만……."

아베는 피로한 기색을 감추지 않았다.

드디어 자위대 파견 승인안의 표결이 다가오자, 아베는 부스럼을 만지듯 조심스럽게 3K에게 '찬성을 부탁'하러 찾아갔다.

가토에게는 "의원님께서는 간사장과 방위청 장관도 하신 분이기 때문에 영향력이 매우 큽니다. 그 점을 잘 생각하셔서 부디 협력을 부탁드립니다"라고 허리를 낮췄다. 고가에게는 "상당히 중요한 안건입니다. 여당이 하나가 되어 자위대를 파견해야 한다고 생각됩니다. 부디 협력을 부탁드립니다"라며 부탁했다. 가메이에게도 "어떻게든 협력을……"이라며 매달렸다.

그러나 3K는 "4선으로 신인이나 다름없이 솜털이 보송보송한 간사장(당 간부의 말)" 아베를 상대하려 하지 않았다.

> 가토: "나는 부시의 이라크전쟁과 대량파괴무기에 대한 설명에 원래부터 상당한 의문을 가지고 있다. 아무리 부탁해도 자위대 파견은 반대다."
>
> 고가: "나에게도 지금까지 걸어온 길이 있다. 그 점을 고려해 정치가로서의 신념과 양심을 가지고 결정한 일이다."
>
> 가메이: "이건 정치가로서의 신념이다. 처분하려면 해라. 목을 자르든, 감옥으로 보내든 하고 싶은 대로 해라(제명하든 당무 정지 처분을 내리든 마음대로 하라는 뜻-옮긴이)."

2004년 1월 31일 미명, 파견 승인안을 표결하는 중의원 본회의에서 가메이는 결석, 가토와 고가는 표결 직전에 본회의장을 빠져나가 기권하면서 반대 입장을 견지했다.

아베는 간사장으로서의 체면을 완전히 구겨버린 꼴이었다.

시련은 계속되었다. 3K에 대한 처분 문제였다. 승인안은 국회를 통과했지만 자민당 내에서는 "공명당에 대한 체면 문제도 있으니 3K에게 패널티를 주어야 한다. 반드시 조치를 해야 한다"라는 소리가 강해졌다. 연립 상대인 공명당은 당내의 신중론이 강해지는 가운데서도 자민당의 체면을 생각해 표결에서 전원 찬성표를 던졌다. 따라서 자민당이 '반역'에 대해 문책하지 않으면 연립이 유지될 수 없다는 것이었다.

고이즈미 총리는 "간사장에게 일임했으니 알아서 판단해주겠지요"라며 아베에게 공을 던졌다. 이런 점이 고이즈미다운, 모리가 걱정하던 부분이다. 아베는 피할 수 없었다. 3K는 모두 파벌 수장급의 거물 정치인들로 그들에 대한 엄격한 처분은 당내에 커다란 혼란을 불러오게 될 것이지만, 그렇다고 처분을 내리지 못하면 간사장 실격이라는 낙인이 찍히게 된다.

반역으로부터 2주 후, 아베는 3K에게 전화를 걸어 '경고' 처분을 통지했다. 당내에서는 '권고'에 이은 가벼운 처벌이다. 신임 간사장의 솜씨를 구경하려고 목을 길게 늘어뜨리고 있던 중진 의원들로부터 "경량급 간사장이라 어쩔 수 없군. 결국 이 정도 그릇이네"라며 야유하는 소리도 들려왔다.

아베는 자신의 힘없음에 입술을 깨물 수밖에 없었다.

참의원 선거 패배와 간사장 경질

아베의 진가가 시험받는 시기가 도래했다. 2004년 7월의 참의원 선거다.

전년도의 총선거는 간사장에 취임한 지 겨우 2개월이었고 '간판'으로서 기대 이하이기는 했지만, '선거사령탑'으로서 선거 패배의 책임을 추궁당하지 않았다. 그러나 이번엔 다르다. 참의원 선거에서는 아베가 간사장으로서 준비 단계부터 지휘봉을 잡았다.

"6년 전에 자민당이 대패하여 의석이 44석까지 줄었다. 그 후 7명이 합류하여 지금은 51석이다. 현재의 의석수를 어떡해서든지 확보하는 것이 우리의 커다란 사명이다(2004년 2월 6일 교토 시내에서의 강연)."

승패의 선을 공언한 아베는 여기서 참패하면 결국 간사장 실격, 인책 사임에 몰리게 될 입장이었다.

아베는 당시 필자에게 열정적으로 이야기했다.

"지금 내가 최우선으로 해야 할 일은 참의원 선거 승리밖에 없습니다. 이를 위해서는 어떻게 해야 할까? 당연히 전술과 테크닉 문제 등 여러 가지가 있지만, 무엇보다 자민당의 2004년 백본(back bone)을 확실히 구축해야 합니다. 더 이상 조직에만 기댄 선거로는 안 됩니다. 지난 총선거에서 거대 정당이 된 민주당의 도전을 이번에 처음 받게 됩니다. 이를 받아쳐내기 위해서는 강인함을 가지지 않으면 안 됩니다. 무엇보다 많은 국민들에게 공감을 받을 수 있는 자민당의 이념이 필요합니다. 자민당이 구상하는 국가상, 어떠한 국가를 만들겠다는 확실한 표현이 필요합니다."

아베는 스스로가 위원장을 맡아 '당개혁검정·추진위원회'를 설립하고 국정 선거에 후보자 공모제를 도입했다. 4월의 보궐선거를 위한 사이타마 8구의 후보자 선발에서는 후보자 공모 비디오에 직접 출연하는 등 전력을 다해 참의원 선거에 임했다.

그러나 연금 개혁에 의한 국민의 부담 증가와 유력 정치가의 연금 미납 문제로 자민당은 역풍을 맞으며 선거를 치러야 했다. 선거 결과는 자민당 49의석, 민주당 50석으로 역전되었다. 목표로 내세웠던 "현재의 51석 유지"는 이루지 못했다.

아베는 사임의 뜻을 내비쳤다. "참의원 선거 후에는 인사를 단행해야 한다. 아베 군을 간사장에서 물러나게 하고 싶다"라고 거듭 말해 왔던 모리도 동의했다.

고이즈미는 참의원 선거에서 패배한 후인 9월에 내각 개조와 당 인선을 단행해 '위대한 예스맨'을 자청하는 다케베 쓰토무[武部勤]를 후임 간사장으로 기용했고, 아베는 경질되었다. 참의원 선거의 참패 결과로 보자면 아베에게 근신 처분이 내려져도 이상하지 않았지만, '간사장 대리'로 한 단계 강등되는 것으로 끝났다. '모리파의 왕자'인 아베에게 상처를 입히지 않기 위해 모리가 물밑에서 움직였다는 것이 당내의 일반적인 견해였다.

그리고 아베의 간사장 대리 시절, 정계에서는 '역사적 사건'이 일어났다. 2005년 8월의 '고이즈미 우정(郵政) 해산(우정 사업 개혁을 위한 국회 해산-옮긴이)'이다.

'우정 3사업의 민영화'를 내건 고이즈미의 우정민영화법안이 자민당의 대량 이탈표로 인해 중의원 본회의에서 거부되자, 고이즈미는 과감하게 국회를 해산하고 총선거에 돌입했다. 이탈 의원을 '저항 세력'으로 부르며 탈당으로 몰아붙인 후, 해당 지역구에 자객 공천을 하며 '구조 개혁'을 어필한 이례적인 극장형 선거전(정책 대결이 아니라 유명인이나 연예인 후보 등을 내세워 극장 같은 분위기로 치르는 선거전-옮긴이)은 민주당의 선거 전략 실패에 힘입어 큰 성공을 거두고 자민당은 296석이라는 대승을 거두게 된다.

아베는 고이즈미 우정극장에서 거의 무대 밖에 서 있었다. 원래 우정해산은 고이즈미가 대의명분으로 내세웠던 국가의 구조 개혁 추진이기보다, 당내 헤게모니를 잡기 위해 기획한 이탈 그룹과의 권력투쟁에 가까웠다. 자민당의 전통적인 지지 기반인 특정우편국장회(특정우편국은 지역밀착형 소규모 사설 우체국으로, 우정민영화 이전에 전국 우체국의 약 80퍼센트를 차지한다-옮긴이)의 지지를 받아 당선되었던 아베는 사실 고이즈미의 우정 민영화에 회의적이었으며, 주위 사람에게 "고이즈미 씨는 왜 저렇게 우정 민영화를 고집하는 걸까?"라는 의문을 표하기도 했다.

고이즈미 본인에게 의문을 표시해 크게 혼이 난 적도 있다고 한다. 모리파(당시) 중진 의원에 따르면 아베가 고이즈미에게 "왜 우정 민영화가 필요한 겁니까?"라고 질문하자, 고이즈미는 험악한 목소리로 고함쳤다고 한다.

"넌 입 다물고 있어!"

험악한 분위기에 놀란 아베는 "이것은 정책론이 아니다. 총리 눈에 거슬렸다가는 큰일날 것 같으니 따르기로 했다(앞의 의원)"라며 받아들인 것으로 보인다.

우정국회에서는 아베와 친한 동료 의원 에토 세이치, 후루야 게이지[古屋圭司], 기우치 미노루[城内実] 등이 민영화 반대의 입장으로 돌아섰다. 아베는 표결 직전의 본회의장에서 같은 모리파 후배로 자신이 지원해 당선시켰던 원조 '아베 키즈' 기우치를 최후까지 설득해 이탈표로 돌아선 친구들을 붙잡으려 했지만 기우치는 결국 반대표를 던졌고, 총선거에서 자객 후보에 의해 낙선하는 쓴맛을 경험한다.

아베는 고이즈미의 선거 압승에 놀랐으며, 상처를 입은 쪽의 한 사람이기도 했다.

그런 상황에서도 고이즈미에게 반기를 들지 않았다는 점을 인정받은 아베는 총선거 후의 내각 개조에서 관방장관에 기용된다. 다음 해인 2006년 9월로 총재 임기 만료를 맞게 되는 고이즈미는 이미 퇴진을 표명하고 있었고, 아베에게 '포스트 고이즈미'—후계 총리, 총재의 길을 준비해주었다고 여겨졌다.

아베는 고이즈미 정권 말기의 국정 운영에서 많은 것을 배운 것임에 틀림없다. 당내 반대파에 대한 철저한 탄압, 국민을 열광시키는 극장형 선거전, 대화나 조정보다 강행돌파. 이런 것들은 확실히 정치를 움직일 때 효과적이기는 하지만 고이즈미였기에 가능했으며 장기 정권의 최후였기 때문에 성공할 수 있었던 극약처방이기도 했다. 그리고 우격다짐식 정치는 반드시 일그러지기 시작하고, 바로 거기서부터 정권이 무너진다는 것도 고이즈미 정권 이후의 자민당의 붕괴를 보면 명확하다.

후쿠다와의 응어리

장기 정권을 유지해 오던 고이즈미의 총재 임기가 1년이 채 남지 않자, 자민당 내에서는 포스트 고이즈미의 총재 경선을 향한 경쟁이 활발해진다.

고이즈미 측근인 다케베 간사장을 비롯해 우정 선거에서 대거 당선된 '고이즈미 키즈'의 대부분이 고이즈미의 후계자로서 아베를 꽃가마에 태우려고 움직이기 시작했으나, 후견인인 모리는 "아직 이르다"라며 머리를 가로저었다.

아베의 강력한 라이벌은 같은 모리파의 선배인 후쿠다 야스오였다.

모리의 머릿속에는 전술한 대로 "고이즈미의 다음은 후쿠다, 그다음이 아베"라는 당내 후계 서열이 그려져 있었다. 그 배경에는 세와카이라는 파벌의 역사와 사정이 있었다.

자민당에는 파벌 정치의 중심이 되어온 '산[三]가쿠[角]다이[大]후쿠[福]추[中]'라 불리는 5명의 실력자가 이끄는 파벌이 있다. 다나카 가쿠에이[角]의 다나카파(목요클럽), 후쿠다 다케오[福]의 후쿠다파(세와카이), 오히라 마사요시[大]의 오히라파(고지카이), 나카소네 야스히로[中]의 나카소네파(정책과학연구소), 미키 다케오[三]의 미키파(반초정책연구소)다.

이 중 모리와 고이즈미가 소속된 세와카이는 기시파(십일회)를 원류로 하여 후쿠다가 창설하고 아베의 아버지 신타로가 계승했으며(아베파), 그 후 미쓰즈키파→모리파→마치무라파→호소다파로 이어져 내려온다. 그러나 세와카이는 다나카파와의 '가쿠후쿠[角福] 전쟁'에서 패한 이래로 신타로가 총리, 총재를 눈앞에 두고 서거한 일을 포함해 다케시타파(구 다나카파)의 전성기 동안 오랜 불운에 휩싸였다. 창설자인 후쿠다 다케오가 총리에서 사임(1978년)한 후 뜻밖의 행운처럼 탄생한 모리 내각(2000년)까지 22년 동안이나 총리, 총재를 배출하지 못했다.

그런 까닭에 모리는 세와카이의 권력을 반석으로 만드는 일에 이상하리만큼 집념을 불태웠다. 예상 밖에 탄생한 고이즈미 정권에 의해 세와카이 정권이 2대나 이어졌으니, 고이즈미와 확실하게 의기투합해 2명의 프린스인 후쿠다와 아베에게 순서대로 정권을 물려주겠다는 전략을 펼친 것이다.

후쿠다는 1990년 총선거에 첫 당선하여 당선 횟수로는 아베보다 1기 선배이지만, 85세까지 현역 의원으로 활동한 부친의 지반을 물려받았을 때가 54세였기 때문에 나이는 아베보다 18살이나 많았다.

샐러리맨 시절에 마루젠석유에서 과장까지 근무했으니, 입사 3년 만에 고베제강을 그만둔 아베보다 사회 경험도 풍부했다.

정계에 들어온 후 후쿠다는 모리-고이즈미 정권에서 3년 반 동안 관방장관을 맡으며 항상 아베보다 상사의 위치에 있었다. 그러나 정치적으로 친중파이면서 비둘기파인 후쿠다는 매파적인 언행이 두드러지는 아베와 궁합이 잘 맞지 않아 내각에서도 알력이 있었다. 아베는 항상 후쿠다에게 제지를 당하는 입장으로서 불만을 느끼고 있었을 것이 틀림없다.

덧붙이자면 아베의 부친인 신타로도 후쿠다의 부친인 다케오에게 복잡한 마음을 가지고 있었다. 다케오는 총리직에서 물러난 뒤에도 8년 동안이나 파벌 회장에 머무른 채 좀처럼 자리를 물려주려 하지 않았다. 덕분에 신타로는 '셋방살이'라는 조롱을 당하면서, 라이벌인 다케시타나 미야자와에 비해 파벌 수장으로서 출발이 훨씬 늦어진 기억이 있다. 부자 2대에 걸쳐 복잡 미묘한 관계였다고 볼 수 있다.

한편 쿨해 보이는 후쿠다가 사실은 '순간온수기'라는 야유를 받을 만큼 순간적으로 분노를 폭발시키는 다혈질인 것은 알 만한 사람들은 다 아는 이야기다. 아베가 "조그만 일에도 참지 못하고 울화통을 터트리는 후쿠다 씨에게 좀처럼 적응하지 못했던 것 같다. 궁합이 안 맞는 것 같았다"라고 당시 두 사람의 관계를 잘 알고 있었던 모리파의 한 의원이 증언하기도 했다. 고이즈미 관저에서는 후쿠다, 아베 두 사람이 서로에 대해서 "이 녀석은……", "이 사람은……"이라며 좋지 않은 감정을 품게 된 사건도 있었다.

신조와 야스오의 첫 충돌은 대만의 전 총통 리덩후이[李登輝]의 방일을 둘러싸고 일어났다.

후쿠다가 모리 내각의 관방장관으로 관저에 들어온 것은 전임자인 나카가와 히데나오가 여성 스캔들 문제로 사임한 2000년이었다. 당시 대만의 전 총통인 리덩후이의 일본 입국 문제가 떠올랐다. 같은 해 10월, 일본과 대만의 관계 개선과 아시아 안전보장 문제를 논하는 '아시아 오픈 포럼' 제12회 회의의 일본 개최가 예정되어 있었는데, 리덩후이 측이 회의 참석을 위해 입국하고 싶다고 전했기 때문이다.

이에 대해 중국과의 관계를 염려한 외무성은 "친중파인 후쿠다와 함께 입국을 막으려고 움직였다(정계 관계자)." 결국 비자가 발급되지 않았고, 입국은 이루어지지 않았다.

다음 해인 2001년 봄, 이번에는 리덩후이가 '심장병 치료'를 목적으로 일본 방문을 재요청했다. 그러자 이번에도 정부 내에서는 친중파와 친대만파 의원들이 외무성 직원까지 끌어들이며 한바탕 소란을 벌였다. 당시 아베는 모리 요시로 총리가 "들어줘도 되지 않을까"라며 입국 허가 의향을 표시한 바 있었기 때문에 입국 실현을 위해 애를 썼는데, "비자 발급을 마지막까지 가장 강하게 반대한 인물이 후쿠다였다(자민당 간부)." 즉, 관방장관과 관방부장관이 서로 상반되는 주장을 하는 사태에 빠진 것이다.

최종적으로는 '치료'라는 인도적인 이유로 비자가 발급되었지만, 친중파로 알려진 후쿠다는 아베의 '반역'을 괘씸하게 생각했을 것이 틀림없다. 이는 단순한 노선 대립이 아니라 "자칫 중국과의 관계가 어긋나기라도 하면 아베에게는 이를 수복할 힘도, 전략도 없으니 결국 뒤치다꺼리는 후쿠다 자신의 몫이라고 생각했기 때문(친중파 의원)"

이었다. 후쿠다는 "풍파가 일어나는 것, 풍파를 일으키는 것, 풍파에 휩쓸리는 것을 극도로 싫어하는 타입(모리파 간부)"이라는 말이 사실이라면 아베의 행동에 불쾌해한 것도 당연하다.

한편 아베는 관방부장관으로서 총리의 의견에 따라 움직이는 것이니 후쿠다야말로 분수를 알고 행동해야 한다는 생각이었다.

아베 주변의 한 인물은 당시 아베가 "리덩후이의 입국 문제 이래로 후쿠다 씨는 사사건건 내가 하는 일을 방해하고 내 말을 들으려 하지 않았다. 나를 '한 수 아래 어린놈'이라는 눈으로 보는 것 같다"라고 털어놓는 것을 들었다고 한다.

쌍방의 의견이 맞지 않는 데서 생겨난 감정의 응어리가 고이즈미 정권하에서 납치 문제를 둘러싸고 드디어 표면화된다.

“손가락만 빨고 있다가는 이쪽이 죽게 된다”

아베를 일약 스타로 만든 고이즈미의 1차 방북(2002년 9월)은 사실, 아베가 알지 못하는 곳에서 모두 준비된 일이었다. 방북 일정 발표(8월 30일) 직전까지 아베는 극비 프로젝트에 끼어들지 못했다.

“나는 정보로부터 완전히 차단되어 있었다. 신문 등에서도 ‘아베 관방부장관은 방북 직전에야 알게 되었다’고 했는데, 그 말 그대로였다.”

전격 방북 후 얼마 지난 다음에 아베 본인도 주변에 이렇게 털어놓았다.

일북 정상회담의 무대 뒤 주역은 고이즈미 방북을 위해 환경을 조성해 온 외무성 아시아대양국장인 다나카 히토시다. 다나카는 극비리에 김정일 측근과 수차례 접촉하며 정상회담을 준비해 왔는데, 총리관저에서 이런 외무성을 지원해 준 인물이 후쿠다 관방장관이었다.

당시 외무성은 기밀비 의혹(외무성의 요인외국방문지원실장이 총리 관저의 관방국로부터 받은 기밀비 중 약 7억 엔을 횡령한 사건-옮긴이)으로 다나카 마키코 외무대신이 스태프들과 사사건건 대립하면서 정상적인 기능을 못하고 있었다. 외무성 관료가 외무대신의 말을 무시하는 비정상적인 사태에서 관료들의 상담역을 하며 지휘하던 인물이 관방장관인 후쿠다였는데, 후쿠다는 '그림자 대신'으로 불릴 정도로 외무성 내에서 강한 영향력을 가지고 있었다.

정상회담 실현과 일북 국교 정상화 교섭에 뜻이 일치한 후쿠다와 다나카 콤비에게 "납치 문제 해결 없이는 국교 정상화는 있을 수 없다"라고 주장하는 대북 강경파인 아베 관방부장관은 "눈엣가시 같은 존재였다(관저 관계자)." 사전에 방북 계획이 새어나가기라도 한다면 강경파가 소란을 피우며 납치 피해자 귀국이라는 조건을 달게 될 것이고, 정상회담의 실현 자체가 위험해진다. 아베를 정보로부터 차단시킨 것은 이러한 판단이 있었기 때문이라고 추측된다.

그런데 대북 온건파가 기획한 방북에 아베가 동행하게 되어, 결과적으로 아베를 스타로 만들어준 꼴이 되었으니 아이러니하다.

납치 문제 대응을 둘러싼 아베 대 후쿠다의 불화는 방북 후에도 계속되었다.

2002년 10월, 24년 만에 귀국한 소가 히토미 씨 등 납치 피해자 5명에 대한 입장이 극적인 예일 것이다. 일북 간에는 5명에 대해 "1~2주일 안에 북한으로 돌려보낸다"라는 기본 합의가 있었다고 한다. 이에 대해 아베가 정면으로 반박한 경위는 이미 앞에서 설명했다.

"다나카 국장의 기본 방침은 5명을 2주 정도 일본에 머무르게 한

뒤 전세비행기편으로 북한에 돌려보내는 것이었다. 5명을 돌려보내지 않는 방향으로 상황이 돌아가자, 다나카는 정색을 하고 '10일 정도의 일시 귀국이 북한과의 약속이다'라고 주장했다. 그래서 이쪽도 화가 나서 '당신은 북한 외무성 사람인가?'라고 더 큰 소리로 맞받아쳤다."

아베는 주위에 이렇게 이야기했다.

이 문제로 아베는 후쿠다와 정면충돌한다. 당시의 사정을 잘 아는 관저 관계자의 말에 따르면 후쿠다 역시 국교 정상화 교섭의 실마리가 끊어지지 않는 것을 최우선으로 생각하고 있었기 때문에 5명을 북한으로 돌려보내자는 입장이었다고 한다. 아베가 그들을 돌려보내지 않는 방향으로 몰아가고 있는 것을 알게 된 후쿠다는 관방장관실로 아베를 불러 엄하게 질책했다.

"쓸데없는 짓 하지 마!"

"그때 후쿠다의 분노는 장난이 아니어서 책상을 발로 차기까지 했다. 당사자인 아베는 '후쿠다 씨, 발이 꽤 아팠을 텐데'라며 태연해했지만(당시 관저 관계자)."

고이즈미 총리는 후쿠다와 아베의 암투를 알면서 최종적으로 아베의 손을 들어주었다. 이로 인해 고이즈미와 후쿠다와의 관계에도 균열이 생겨났다. 그리고 후쿠다는 자신의 국민연금 미납 문제가 발각되자 그것을 기회로 고이즈미와 아베에게 분풀이하듯 3년 반 동안이나 근무하던 관저를 미련 없이 떠나버렸다(2008년 9월). 고이즈미는 후임 관방장관 자리에 아베를 밀어 넣었다.

그러나 이것으로 포스트 고이즈미의 총선 경쟁이 끝난 것은 아니었다. 아무리 고이즈미의 지지가 있다고 해도 아베는 간사장 시절에 실적을 올리지 못했다. 후견인인 모리가 "아베는 아직 이르다"라고 말한 것은 후쿠다를 총리로 밀고 싶었다는 인식이 지배적이지만, 아베가 오래가지 못하고 실패할 것을 예견한 모리 나름의 정국 파악이 아니었을까 하는 추측도 가능하다.

아베도 망설였다. 최종적으로 총재 경선 출마를 결단한 것은 어쩌면 후쿠다와의 반목이 있었기 때문일지도 모른다. 만일 자신이 출마하지 않으면 후쿠다 정권이 출범하게 된다는 공포가 마지막 순간에 등을 떠밀었을 가능성이 충분하다.

"손가락만 빨고 있다가는 이쪽이 (후쿠다에게 정치가로서) 죽게 된다."

아베는 후쿠다와의 권력투쟁을 주변에 이런 식으로 표현한 적이 있다.

총리의 중압감을 견디지 못하다

포스트 고이즈미에 이름을 올린 아소 다로[麻生太郎], 다니가키 사다카즈[谷垣禎一], 후쿠다 야스오, 아베 신조의 4명의 총재 후보는 '아사[麻]가키[垣]소[康]조[三]'라고 불렸다. "모두 경량급으로 이름에 무게가 없다"라는 조롱이 포함된 호칭이기도 했다. 이들 중 모리가 지원하려 한 후쿠다는 아베의 총재 경선 출마가 확실시되자 출마를 포기해 경선은 남은 3명의 싸움이 되었다.

아베는 의원표와 당원표를 합쳐서 464표라는, 전체의 3분의 2에 가까운 지지로 압승하며 2006년 9월 26일에 부친이 도달하지 못한 총리, 총재의 자리에 오른다. 당시 52세. 첫 당선으로부터 단 13년만에 이룬 스피드 출세였다.

그뿐만이 아니다. 고이즈미가 우정 선거로 취득한 중의원 327석(자민당, 공명당 합계)의 압도적인 여당 세력까지 이어받았다. "정치는 숫자, 숫자는 힘, 힘은 돈(다나카 가쿠에이)"이라는 말대로라면 "간사장직도 젊은 나이 탓에 실패했다. 확실히 통치 능력에 대한 불안감이 있었다(주변 의원)"라는 아베에게 숫자가 무엇보다 큰 힘이 되었을 것이다.

총리에 취임한 아베는 1차 내각을 '아름다운 나라 만들기 내각'이라 명명하고, '전후 레짐으로부터의 탈피'를 슬로건으로 세워 숫자의 힘을 배경으로 매파 색채가 짙은 정책을 실행해 나간다.

'애국심'을 중시해야 한다는 주장으로 도덕 교육을 부활시키는 교육기본법 개정을 시작으로, 방위청을 '방위성'으로 승격하는 방위청 설치법 개정, 그리고 헌법 개정에 필요한 국민 투표의 구체적인 수속 절차를 정하는 국민투표법의 제정, 자위대 이라크 파견을 연장하는 자위대특별조치법 개정 등, 국민들의 강한 우려와 신중론에도 불구하고 겨우 1년도 안 되는 기간에 차례차례 성립시켜나간다. 그 대부분이 숫자로 밀어붙인 강행 체결이었다. 이 경험 역시 2차 내각의 운영에 영향을 미쳤을 것이라 생각된다.

아베가 학창 시절부터 토론에 약하고 자신이 '옳다'고 생각할 때에는 반대 의견에 귀를 기울이지 않는다는 것은 이미 서술했다. 더구나 정계에 들어온 이래, 납치 문제 이외에 이렇다 할 정치적 실적이 없고 오히려 부회장 시절이나 간사장 시절에도 당내에서 낙제점 평가만 받았던 아베는 어떻게든지 단기간에 실적을 쌓기 위해 권력에 의존해 강경하게 밀어붙이는 것처럼 보였다.

달리 말하면 자신감이 없다는 것이 아베를 강경 일변도의 정국 운영으로 몰아갔으며, 언젠가 국민들로부터 뼈아픈 응수를 당하게 되는 것이 아닐까 하는 예감이 들게 했다.

또 한 가지, 이때부터 필자가 염려하던 것은 아베가 앓고 있던 궤양성대장염이라는 병이었다. 1차 내각의 갑작스러운 붕괴 이후 아베의 병명은 무척 유명해졌는데, 당시 젊고 신선한 이미지였던 아베였기 때문에 유권자나 당내에 건강상의 불안감 따위는 없었다. 그러나 아베가 의원이 되기 훨씬 전부터 아베가를 취재해 왔던 필자는 아베의 지병이 언젠가 정권의 수명을 끊어놓는 것은 아닐까 생각하고 있었다.

아베의 수기에 의하면 궤양성대장염으로 확진받은 것은 고베제강 가코가와 공장 근무 시절에 컨디션 난조로 쓰러져 도쿄에서 입원 생활을 하게 되었을 때라고 한다.

후생성이 난치병으로 지정한 아베의 지병에는 자극적인 음식물 섭취와 음주 그리고 스트레스가 최대의 적이다. 총리대신의 중압감은 보통 사람들의 예상을 훨씬 뛰어넘는다.

후쿠다 다케오 정권 시절에 총리 관저에서 살다시피 한 필자는 넓은 총리 집무실에 후쿠다와 단둘이 있었던 적이 있다. 소파를 마주 보고 앉아 있던 후쿠다가 천천히 천장을 향해 오른쪽 검지를 쳐들면서 이렇게 말했다.

"총리대신이라고 하는 직업은 매일 중압감과의 싸움이다. 이 방에 이렇게 앉아 있기만 해도 천장이 금방이라도 나를 향해 무너져 내릴 것 같은 중압감을 느낀다. 이런 느낌이 매일 반복되어 힘들다. 스트레스다. 그러나 내가 총리대신으로 있는 이상 피할 수는 없다."

담담한 성격에 권력의 냄새를 느낄 수 없었던 경제 관료 출신의 후쿠다는 사실 '가쿠후쿠전쟁'이라고 불렸던 다나카 가쿠에이와의 치열한 권력투쟁을 뚫고 살아남아 총리의 자리에 오른 강직하고 강인한 정치가였다. 건강상에도 문제가 없었다. 이런 후쿠다마저도 최고 권력자가 느끼는 중압감에 매일 시달리고 스트레스를 느끼며 그것을 누군가에게 털어놓고 싶었던 것이다. 스트레스에 치명적인 지병을 가지고 있는 아베가 자신을 보는 여론의 눈도 점차 험악해져가는 상황에서 임기를 무사히 채울 수 있을까, 일찍부터 필자는 큰 의문을 가지고 있었다.

설상가상으로 아베의 스트레스를 더욱 가중시키는 각료들의 스캔들이 차례로 터져 나왔다. 농업 정책을 둘러싼 각종 의혹의 와중에 마쓰오카 도시카즈[松岡利勝] 농수산대신이 자살하고, 후임인 아카기 노리히사[赤城德彦]와 내각부특명 담당대신인 사다 겐이치로[佐田玄一郎]가 정치 자금 스캔들로 사임했으며, 내각의 중진이었던 규마 후미오[久間章生] 방위성 대신도 "원폭은 어쩔 수 없었다(한 강연회에서 미국의 나가사키 원폭투하에 대해 '어쩔 수 없었던 일이었다고 생각한다'고 발언한 사건-옮긴이)"라는 말실수로 사임 여론에 몰리게 되었다.

총리 취임 시에 70퍼센트대였던 내각 지지율은 급락하여 다음 해의 참의원 선거 직전에는 30퍼센트 가까이 떨어졌고, 당시의 아베 측근의 말을 빌리자면 "몸까지 안 좋은 듯해서 전혀 패기를 느낄 수 없었다."

드디어 아베에 대한 국민의 심판의 날이 다가왔다. 2007년 7월 참

의원 선거다. 힘만 믿고 강압적으로 밀어붙인 국정 운영과 각료들의 계속된 불상사 문제가 재앙이 되어, 아베 자민당은 37석이라는 역사적인 대참패를 맞이했다. 야당인 민주당은 60의석을 확보하여 자민당과 공명당을 합친 여당의 참의원 의석수는 과반 밑으로 떨어졌다. 이후로 오랫동안 지속된 '네지레(ねじれ) 국회(중의원 과반을 확보한 여당이 참의원 과반 확보에 실패한 상황-옮긴이)'의 구조는 이때 만들어졌다.

아베는 퇴진하지 않고 총리의 자리에 계속 머물렀지만 남의 말을 듣지 않는 '아베식 정치'는 더 이상 통용되지 않았다. 헌법에서 중의원의 의결권이 우선시되도록 지정한 '총리 지명', '예산안', '조약 승인' 이외의 어떤 법안도 야당이 반대하면 성립될 수 없었다. 반대 의견을 수렴해서 법안과 정책을 수정하고 폭넓은 합의를 얻어서 정치를 해야 하는 것이 의회 정치의 원칙이지만, "무슨 일이든 원하는 대로 되지 안 되면 큰일나는 자기중심적인 성격(우메)"의 아베는 반대파의 의견을 듣고 법안을 수정해 합의를 얻는 정치에는 서툴렀기 때문에 얼마 못 가 궁지에 몰렸다.

거기에 지병인 궤양성대장염까지 도화선에 불을 붙였다.

이것은 구보 우메의 독특한 표현이지만 "태어날 때부터 장이 보통 사람들에 비해 3분의 1 정도밖에 없었다"라고 할 정도로 어릴 때부터 소화기 계통이 좋지 않았던 아베는 초등학교 때부터 "배를 누르고 있던 적이 종종 있었다(동창생)"라고 하며, 대학 시절 친구도 "장이 약하다며 미팅에서도 술은 거의 마시지 않았다"라고 회상했다. "술을 마시지 않는 그에게 항상 운전을 시켜서 마시러 다녔다"라고 진술한 고베제강 가코가와 공장 근무 시절의 상사도 "지병이 있어서 장이 약하다"라는 이야기를 들었다고 했다.

아베는 사실 정치가가 되어서도 지병으로 힘들어했다. 아베가 공장 근무 시절에 부친의 선거 운동을 돕다가 쓰러져 더 이상 공장 근무를 하지 못하고 도쿄로 전근하게 되었다는 이야기는 앞에서 다루었는데, 아베 지역구의 한 고참 후원자는 당선 2회째인 1996년의 총선거에서 아베가 복통을 참아가며 선거전에 임한 것을 또렷이 기억하고 있었다.

"신조 씨는 30분마다 화장실에 갈 정도로 상태가 안 좋았지만 유세차에 오르면 쉽게 화장실에 갈 수 없습니다. 몇 시 몇 분에 어디에 도착한다는 분 단위 스케줄이 짜여 있었고, 지원자들도 몰려 있는 상황에서 화장실에 들르게 되면 스케줄보다 많이 늦어지기 때문입니다. 그 점은 우리나 아키에 부인도 마찬가지였지만 신조 씨는 그때 정말 몸이 안 좋았는데도 오랫동안 화장실 가는 것을 참고 있어서 무척 걱정이었습니다."

이 이야기에 대해 아베는, 일본소화기병학회의 기관지 《소화기 광장(消化器のひろば)》(2012년 가을호)에 개재된 당시 게이오대학 의과대학 교수였던 주치의 히비 도시후미[日比紀文]와의 대담에서 다음과 같이 밝히고 있다.

> 왠지 두 번째 선거(1996년)에서 무척 고통스러웠습니다. 자주 강한 변의를 느꼈지만 유세 차량에서 내릴 수가 없어서 식은땀을 흘리며 참았습니다. 정말 힘들었습니다. 최대 위기는 1998년 자민당 국회대책 부위원

장을 맡았을 때입니다. 링거만으로 지탱하는 생활이 이어지면서 체중이 65킬로그램에서 53킬로그램까지 줄었습니다. 그래서 정치가로서 은퇴를 각오하고 게이오대학병원에 3개월 동안 입원했습니다. 정치가는 정치 소신을 관철하기 위해 자신의 병을 철저하게 감추어야 합니다. 병은 커다란 마이너스입니다. 아내인 아키에는 제발 정치를 그만둬달라며 눈물로 부탁했고 가까운 사람들은 지병을 공개하고 정계에서 은퇴할 것을 권유했습니다만, 저는 치료 결과를 보고 결정하기로 했습니다. 장의 적출 수술을 검토하기도 했습니다. 이때 펜타사(치료약 이름-옮긴이)의 주사요법이 잘 들어서 일상생활에 거의 문제가 없어졌습니다."

이 지병이 총리로서의 격무와 스트레스로 인해 폭발한 것이다.

아베는 총리에서 물러난 이듬해 《문예춘추(文藝春愁)》(2008년 2월호)에 기고한 수기 「나의 고백—총리 퇴임의 진상」에서 이렇게 밝힌다.

궤양성대장염은 후생노동성이 특정 질환으로 지정한 난치병으로, 아직까지 원인이 밝혀지지 않았습니다. 처음 발병한 것은 17세 때였습니다. (중략) 자가 면역질환이라고 해서 자가 면역이 이물질과 혼동하여 자신의 장벽을 공격하게 되고, 그 결과 장벽이 벗겨지고 궤양이 생기며 헐어서 출혈이 발생하게 됩니다. 장벽이 자극을 받을 때마다 30분에 1번씩 변의가 나타납니다. 밤에도 화장실을 들락거리기 때문에 숙면은 도저히 불가능합니다.

특히 9월에 호주에서 열린 아시아태평양경제협력회의(APEC) 이후가 심각했다. 아베 자신이 다음과 같이 밝혔다.

> 무엇보다 식사를 전혀 할 수 없어서 70킬로그램이었던 체중이 한 달만에 63킬로그램까지 줄었습니다. 식사를 못하게 되면 체력이 급격히 떨어져서 몸에 납을 박은 것처럼 몸이 무겁게 느껴집니다. 그와 함께 기력도 떨어지고 사고 능력도 둔해집니다. 제대로 된 판단이 점차 어려워지는 상태가 되어갔던 것 같습니다.

9월 10일에는 급기야 참의원의 소신표명연설에서 준비한 원고를 3줄이나 건너뛰고 읽는 실수를 범했다. 그리고 이틀 후 돌연 기자회견을 열어 퇴진을 표명한 것이다. 아베는 회견에서 인도양에서의 자위대 선박의 급유 활동 유지에 반대하는 민주당 대표인 오자와 이치로와의 당수 회담이 거절된 것을 이유로 꼽았다.

"오늘 오자와 대표에게 당수 회담을 요청해 저의 솔직한 생각을 전하려 했지만, 유감스럽게도 당수 회담은 사실상 거절당했습니다. 지난번 오자와 대표는 국민의 동의를 얻지 못했다고 비판도 하셨는데, 대단히 유감스럽게 생각합니다. 앞으로 이 테러와의 전쟁을 계속해 나가는 데 있어서 저는 어떻게 해야 할까, 오히려 여기서는 국면 전환이 필요하지 않을까 생각했습니다. 새로운 총리 밑에서 테러와의 전쟁을 계속해 가는 것을 지향해야 하지 않을까……. 앞으로 있을 유엔총회에도 신임 총리가 참석하는 것이 오히려 국면을 바꾸기 위해 좋지 않을까 생각합니다. 또한 개혁을 추진해 나가겠다는 결의를 계속하기 위해 개각을 단행했지만, 지금 상황에서 국민의 지지와 신뢰

위에 강력하게 정책을 추진해 가는 것은 좀처럼 곤란한 상황입니다. 여기서는 스스로가 결단을 내려서 국면을 타계하지 않으면 안 된다, 그렇게 판단한 것입니다."

자신의 병에 대해서는 일절 언급하지 않은 채 다음 날 긴급 입원한다.

해외 언론은 "압박감을 견디지 못했다(미국 〈CNN〉)", "무사도라고 할 수 없다. 겁쟁이다(영국 《파이낸셜타임스》)", "아베 씨의 문제는 자신이 총리가 된 것이다(독일 《슈드도이체자이퉁》)" 등 신랄하게 비판했지만 필자는 이 당시의 아베의 병세가 한계에 이르렀을 것이라 쉽게 상상할 수 있다.

이후에 지병의 악화가 사퇴의 원인이었다는 것이 밝혀졌지만, 한편으로는 나중에 만들어낸 핑계처럼 들리는 것도 부정할 수 없다. 앞에서 언급한 아베 자신의 수기에서 이렇게 밝히고 있다.

> 이런 상태로 총리대신으로서 책임을 다할 수 있을까, 올바른 판단이 가능할까, 국회에 충분히 대응할 수 있을까. 자신의 몸을 돌아보면 지극히 유감스럽게도 그것은 불가능하다고 인정할 수밖에 없습니다. 이것이 사임을 결단한 가장 큰 이유입니다. 그날 원고 3줄을 건너뛰고 읽었던 일이 결정적이었다고 생각합니다.

아베의 첫 총리 취임은 "처음부터 끝까지 실력이 동반되지 못한 '도련님'의 원맨쇼였다(당시의 중진 의원)." 후견인인 모리 요시로의 "아직 너무 이르다"라는 판단은 정곡을 찌른 것이었다고 볼 수 있다.

6장

그리고 의문시되는
'요령'과 '정'

총재 귀환과 고이즈미 신지로의 '반역'

2012년 9월 26일, 총재 경선의 결선 투표가 진행되던 나가타초의 자민당 본부 앞에서는 유례없는 현상이 벌어지고 있었다.

정문 앞에 젊은 여성을 포함해 200여 명에 가까운 아베 지지자가 몰려들어 "아베 씨, 힘내요!"라며 새된 목소리를 높였다. 당시 자민당은 민주당 정권하에서 야당이었는데, 정치부 기자를 오래 지낸 필자의 경험으로도 여당 시절을 포함해 자민당 총재 경선에서 특정 후보의 지지자가 이렇게 화려한 퍼포먼스를 펼치는 것은 본 적이 없다.

자민당 총재 경선은 국회의원표와 지방표(당시는 당원투표의 득표를 의원표 300표로 환산했다)의 합계로 결정된다. 이때의 총재 경선에는 아베 신조 외에 이시바 시게루[石破茂], 이시하라 노부테루, 마치무라 노부다카[町村信孝], 하야시 요시마사까지 5명이 출마했다.

1회전인 지방표(당원 투표) 경쟁에서는 아베가 1위인 이시바와 더블스코어 차로 2위에 올랐다. 2회전인 국회의원 투표에서도 아베는 이시바에 이어 2위에 머물렀다. 합계는 이시바가 199표로 1위, 아베가 141표로 2위였으나 두 사람 모두 과반수를 얻지 못했기 때문에 승패는 198명의 자민당 중·참의원 의원에 의한 결선 투표로 넘어갔다. 그 결과 아베가 '108표 대 89표'로 역전승을 거두었다.

건강 악화로 인해 돌연 정권을 내던지고 퇴진한 지 5년. 한 번 사임한 총재가 다시 총재직에 복귀한 케이스는 1955년 자민당 역사 이래 처음이었다.

나가타초에서 아베는 '운이 좋은 정치가'로 회자되곤 한다. 딱히 눈에 띄는 정치적 실적도 없이 3선 의원으로 간사장이 되었고, 의원 경력 13년 만에 총리로 스피드 출세, 그리고 아무도 예상치 못한 총재 재취임 등으로 인해 그렇게 여겨지지만, 실은 그 배후에 기시와 신타로가 키운 모리 요시로, 고이즈미 준이치로라고 하는 후견인들이 있었다.

그렇지만 역시 총재 재취임에는 아베의 '운'이 느껴진다.

당시 민주당 정권 3대째인 노다 요시히코[野田佳彦] 내각은 공약 위반인 소비세율 인상 정책을 결정함으로써 지지율이 급락해, 다음 총선거에서 자민당의 정권 탈환이 유력해 보였다. 자민당이 당시 야당이기는 했지만, 총재 경선은 차기 총리를 정하는 것과도 직결된다. 그러나 아베가 총재 재도전을 선언했을 때 자민당 내에서는 유력 후보는커녕 '당선 가능성이 전혀 없는 후보'라는 견해도 있었다. 예를 들면 1차 아베 내각에서 대신을 맡았던 유력 의원은 "다음 총재는 정권 복귀가 걸린 총선거의 얼굴이 된다. 정권을 내던지다시피 총리를 사임한 아베 씨로는 국민의 지지를 얻을 수는 없다"라고 이야기했다. 자민당의 많은 의원들이 같은 의견이었다. 아내인 아키에마저 건강 문제를 이유로 재도전에 브레이크를 걸었다.

아베의 출마를 지지한 인물은 전 총리이며 맹우인 아소 다로, 아마리 아키라[甘利明], 스가 요시히데[菅義偉]를 비롯해, 출신 파벌인 세와카이(당시는 마치무라파)의 시모무라 하쿠분[下村博文], 이나다 도모미[稲田朋美], 세코 히로시게[世耕弘成] 등의 친구 그룹으로 불리는 측근 의원뿐이었다.

더 이상 외조부나 부친의 후광은 기대할 수 없었다. 후견인이었던 모리는 아베의 재취임에 비판적이어서 물밑으로 다른 파벌인 이시하라 노부테루를 지원하고 있었다. 더구나 최대 파벌이자 자신이 속한 마치무라파의 수장인 마치무라 노부다카가 직접 출마했기 때문에 아베는 출신 파벌의 지지도 기대할 수 없었다. 가능성이 희박하다고 여겨져도 어쩔 수 없는 상황이었다.

그런데 마치무라가 입후보 4일 후 선거운동 중에 뇌경색으로 쓰러졌다. 출마 사퇴는 하지 않았지만 각지의 연설회 등에 출석하는 것은 불가능해졌다.

아베 브레인 중 한 사람은 "그 일이 없었다면 재취임은 불가능했다"라고 회상한다.

"총재 경선 와중에 마치무라 씨가 쓰러진 것에 동요한 마치무라파에서 많은 의원이 아베에게로 돌아섰다. 그래서 의원표, 당원표 모두 2위에 올라 결선 투표에 진출할 수 있게 되었다. 운명이라고밖에 생각할 수 없는 절묘한 타이밍이었다. 확실히 운이 따른다."

이시바는 당내에서 인기가 많았지만 자민당을 한 번 탈당(개혁모임→신진당에 참가)한 경력으로 인해 장로와 중진 의원들에게 평가가 좋지 않았기 때문에 결선 투표에 남게 되면 아베에게 역전의 기회가 있었다.

이시바의 과거 문제와 더불어 유력한 대항마였던 이시하라가 총재경선 고지일(9월 14일)을 하루 남겨두고 TV에 출연하여 실언을 한 사건도 운명의 여신을 '아베 편'으로 돌리는 데 한몫했다.

자민당 간사장이었던 이시하라는 당시 문제가 된 도쿄전력 후쿠시마 제1원자력발전소 사고로 인한 오염토 처리장에 대해서 "이제는 후쿠시마 원자력발전소 제1사티안밖에 처리할 곳이 없다"라고 발언했다. 사티안이란 옴진리교(1995년에 도쿄지하철 사린가스 사건을 일으킨 사이비 종교-옮긴이)가 여러 사건을 일으킨 종교 시설의 명칭으로, "배려가 결여된 발언(후쿠시마 원전을 문제 많은 사이비 종교의 시설에 비교한 것이 문제가 되었다-옮긴이)"이라는 여론의 따가운 비판을 받게 되었다.

나중에 회고한 이시하라의 맹우는 "이시하라는 자신이 이길 것이라 자신만만해 있었다. 그래서 마음을 너무 놓았다고 할까, 긴장감이 부족해서 스스로 승기를 내던졌다. 그 발언만 없어도 이겼을 텐데"라고 분하게 여겼다.

이 일로 이시하라는 당원 투표에서 걸러졌으며, 결선 투표에서는 자민당 의원들이 복당파인 이시바가 아니라 '차선의 선택'으로 아베의 재취임에 표를 준 것이다.

아베에게는 오산도 있었다. 총재 경선에서 지지를 받을 것으로 기대했던 고이즈미 전 총리의 차남이자 자민당 청년국장인 고이즈미 신지로[小泉進次郎]가 '이시바 지지'로 돌아선 것이다.

국민들에게 인기가 높은 신지로의 동향이 총재 경선의 향배에 큰 영향을 끼칠 것이라고 보고 각 진영이 신지로 쟁탈전을 벌였지만, 정작 신지로 본인은 "아직 초선인 저의 한 표가 영향을 미치는 것은 원하지 않는다. 분수를 지켜서 처신하겠다"라며 투표가 종료될 때까지 누구를 지지할 것인지 명확히 하지 않았다. 그는 총재 경선 후에 두 번 모두 이시바에게 투표한 것을 밝힌 것과 더불어, 그 이유를 이렇게 밝혔다.

"자민당은 변하지 않는다고 하는 이미지가 있는데, 새로운 자민당의 모습을 만들어주기를 바라는 기대를 담았다."

남보다 몇 배나 프라이드가 강한 아베로서는 "자민당은 변하지 않는다는 이미지"란 말을 흘려들을 수 없었다. 정치에서 '만일'이란 말은 성립되지 않지만, 만일 신지로가 처음부터 '이시바 지지'를 표명했다면 결과는 달라졌을 것이다.

아베 자신이 총재 귀환에 대해 당내의 전면적인 환영을 받지 못하고 있다는 차가운 시선을 느꼈기 때문일까, 총재에 선출된 후 양원 의원 총회에서 다음과 같은 인사말을 했다.

"5년 전에는 총리를 돌연 사임하는 결과가 되었다. 총재선의 승리로 인해 5년 전의 책임이 없어지는 것은 아니지만, 그 경험과 책임을 가슴에 새기면서 정권 탈환에 전력을 다하겠다."

“우현으로 한껏 꺾어라!”라는 계산

간과할 수 없는 점은 총재 경선을 통해 아베가 매파적인 주장을 한층 급진화했다는 것이다. 총재선의 공동출마회견(9월 14일)에서 아베는 지난 총리 시절에 야스쿠니신사를 참배하지 못한 것을 ‘통한의 극치’라고 표현했으며, 위안부 모집의 강제성을 인정한 미야자와 기이치 정권 시대의 고노 요헤이[河野洋平] 관방장관 담화(1993년)를 대신하는 새로운 정부 견해를 작성할 의사를 밝혔다. 더구나 총재선 공약에는 ‘헌법 개정’을 전면에 내새웠으며, 9월 20일에 도쿄 아키하바라[秋葉原] 역 앞에서 벌인 가두연설회에서 대중에게 이렇게 어필했다.

“전후 체제에서 탈피해야 합니다! 교육기본법은 변했습니다. 여러분, 이제는 드디어 헌법 개정에 도전해야 하지 않겠습니까!”

헌법 개정, 야스쿠니 참배, 고노담화 수정. 이것이 아베의 총재 귀환의 3대 공약이 되었다.

2006년의 첫 총재 경선과는 반대로 자민당 내에서나 국민들 사이에서 아베의 재취임을 기대하는 목소리는 희박했다. '정권을 포기한 전 총리'라는 이미지를 짊어지고 처음부터 마이너스에서 출발한 아베는 국민의 이목을 집중시킬 수 있는 강렬한 깃발이 필요했다.

아베는 기시의 손자이자 뼛속 깊은 매파라는 것이 많은 국민들의 견해이지만, 자민당의 동세대 의원들이 보기에는 헌법이나 안전보장 문제에 집착하는 이면에서 정치가로서 생존하기 위해 열심히 주판알을 튕기고 있는 것처럼 비춰졌던 것 같다.

아베에게는 강렬한 성공 체험이 있다. 독재 국가 북한에 의한 일본인 납치—안전보장 문제를 다룰 때 유달리 큰 목소리로 외쳤던 "5명의 귀국자를 북한에 돌려보내서는 안 된다"라는 주장은 '타협 없는 대응'으로 높이 평가되면서 국민의 갈채를 받았다. 아베에게는 다른 고매한 외교술 따위는 필요 없었다. '국익을 위해서'라는 한마디를 접두사로 붙이면 어떠한 주장이라도 국민을 간단히 납득시킬 수 있었다.

총재 경선에서 이 3대 공약을 선명하게 드러냄으로써 가능성 없는 후보로 여겨지던 아베의 존재가 되살아났다. 보수 단체인 '일본회의'를 비롯해 보수 계열의 단체에서 열광적인 아베 지지 그룹이 생겨났으며, 보수파 학자와 문화인들이 '아베 신조를 총리대신으로 만드는 민간인 유지회'를 설립했다. 인터넷상에서도 중국과 한국에 적대적인 견해를 가진 '넷우익'들 사이에 아베대망론이 퍼졌다.

총재 경선의 결선 투표일, 자민당 본부 앞에서 “아베 씨, 힘내요!”라고 목소리를 높인 사람들은 그런 세력들이었다. 애초에 “자신만만한 타입은 아니었다(학교 친구)”라는 아베에게 이러한 지지가 얼마나 큰 힘이 되었을지 쉽게 상상할 수 있다. 그리고 그렇게 얻은 ‘자신감’이 후에 ‘폭군’으로 불리는 태도를 만들어내는 토양이 된 것이 아닐까. 적어도 필자는 그렇게 생각한다.

원래 아베의 매파적인 주장에 공감하는 세력은 국민의 다수파라고 볼 수 없다. 최근의 여론 동향을 예로 들자면, 아베가 강행 처리로 성립시킨 안보법안에 대해 각 언론사의 여론 조사에 따르면 ‘반대’라는 대답이 과반수를 넘었다. 처음부터 지금까지 매파적인 강경노선을 떠받치고 있는 것은 일부의 지지자에 불과하다는 것을 알 수 있다.

확실히 열성 팬은 늘었지만, 총재 경선 투표 결과를 봐도 아베의 득표는 보수 기반인 자민당원 표의 3분의 1 이하였다. 국회의원 표에서도 당 소속의 중·참 양원 의원 198명 중 제1투표에서 아베에게 투표한 사람은 그 4분의 1인 54명에 불과했다.

사실 아베는 당내 기반이 부실한 채로 두 번째 총재에 취임한 것이다. 그렇기 때문에 약한 ‘지반’을 강화할 필요가 있었다. 그 ‘보강재’로써 우익을 지지 기반으로 얻으려고 한 것은, 정책적 실적 없이 말만으로도 실현 가능했기 때문이다. 사실 아베 측근은 당시의 아베가 정권 유지를 위해 “우경화를 강화해 나갔다”라고 진술했다.

자민당은 전통적으로 초매파에서부터 리버럴, 헌법유지파까지 국민들 사이의 다양한 가치관과 사상을 지닌 의원들이 폭넓게 참가하

는 ‘포괄정당’이며, 그로 인해 ‘국민정당’이라고 불려왔다(‘누에[ねえ] 라는 경멸적인 별칭도 있다(전설 속의 괴물인 누에는 정체불명의 사물, 사람을 칭한다-옮긴이)). 우익 정권인 기시 내각이 안보개정으로 비판을 받아 무너지자 당내 경선을 통해 차기에 ‘경무장, 경제 중시’를 내건 이케다 내각이 성립되었고, 금권 스캔들로 다나카 내각이 무너지자 ‘클린’한 미키 내각을 성립해 진자(振子)의 원리로 장기 정권을 유지하는 범상치 않은 지혜가 있었다.

그러나 총재 자리에 귀환한 아베는 “우현으로 (키를) 한껏 꺾어라!” 라고 외치면서 자민당을 통째로 오른쪽으로 선회시키려 했다.

자민당의 총재 경선으로부터 3개월 후인 2012년 12월, 민주당의 노다 총리는 국회를 해산하고 총선거에 돌입한다.

야당이었던 아베 자민당은 이 총선거에서 “일본을 되돌리자”는 캐치프레이즈로 동일본 대지진으로부터의 부흥과 경제 재생, 교육·외교의 재생 등 총 328항목에 이르는 공약을 내걸었는데, 아베는 그 첫 항목에 ‘헌법 96조의 선행 개정’을 집어넣었다.

96조는 헌법 개정을 위한 수속을 정한 조문으로, “이 헌법의 개정은 각 의원의 총 의원 3분의 2 이상의 찬성으로 국회가 이를 발의하고 국민에게 제안하여 승인을 거쳐야 한다”라고 되어 있다.

아베는 1차 내각에서 헌법 개정을 위한 국민투표법을 성립시켰다. 그러나 국회에서 헌법 개정을 발의하기 위해서는 ‘양원 의원의 3분의 2 이상의 찬성’이라고 하는 높은 장벽이 가로막고 있었기 때문에 개정안을 국민투표에 부치는 전 단계가 쉽지 않았다.

그래서 9조를 개정하기 전에 96조를 먼저 개정하여 ‘중·참의원 의원의 과반수 찬성'으로 헌법 개정 발의가 가능하도록 만들려 한 것이다. 단, 이는 자민당 개헌론자들의 오랜 생각으로 아베의 오리지널은 아니다.

실제로 12월 26일에 투개표된 제46회 총선거에서 96조 개정은 거의 쟁점이 되지 못했지만, 민주당에 대한 불만으로 인해 자민당이 대승을 거두며 아베는 96대 총리대신에 등극했다.

총리 재취임은 전후 두 번째로 요시다 시게루[吉田茂] 이래 64년만이다. 외조부인 기시 노부스케도 1960년 안보 혼란으로 정권을 내준 후에 비원이던 헌법 개정을 실현시키기 위해 재취임의 의욕을 불태웠으나 이루지 못했다.

'헌법 96조 개정'이 좌절되다

총리로 화려하게 부활한 아베는 취임 직후 '96조 개정'에 강한 의욕을 보였다. 자민당과 연립을 맺은 공명당은 개헌신중파이지만, 중의원 선거에서는 개헌찬성파인 일본유신회가 54석을 획득해 자민당과 합하면 개헌 찬성 정당이 348석을 차지해 중의원의 3분의 2를 상회하는 상황이 만들어진 것이다.

총선거 1개월 후에 소집된 이듬해 2013년 1월부터 시작된 통상국회에서 아베는 개헌 발언을 연발했다.

"헌법 개정에 대해서는 당파마다 다른 의견이 있기 때문에 우선은 많은 당파가 주장하고 있는 헌법 96조 개정에 전념해 나가겠습니다." (1월 30일 중의원 본회의)

"국민의 60퍼센트 혹은 70퍼센트가 개정을 원해도 3분의 1을 조금 넘는 국회의원이 반대한다면 논의조차 할 수 없다는 것은 비정상적이라는 것이 우리 자민당의 생각입니다." (2월 26일 참의원 예산위원회)

게다가 4월 23일의 참의원 예산위원회에서는 "중의원 선거 공약 중에도 96조의 개정이 들어 있습니다. 당연히 7월의 참의원 선거에서도 우리는 당당히 96조 개정을 내걸고 싸워야 한다는 것이 총리대신으로서 저의 생각입니다"라고 선언한 것이다.

국회에서의 다수파 만들기에도 착수했다.

3월에는 야당인 민주당, 일본유신회, 모두의당에서 개헌파의원들이 '헌법96조연구회(발기인 와타나베 슈[渡辺周] 민주당 중원 의원)'를 결성하고, 아베 본인이 4월 9일에 일본유신회의 하시모토 도루[橋本徹] 공동대표와 회담하여 헌법 96조 개정을 추진하기로 의견 일치를 보았다. 국회에서 휴면 상태이던 초당파의 '헌법 96조 개정을 위한 의원 연맹(회장은 아베의 측근인 후루야 게이지 자민당 중원 의원)'이 활동을 재개하여 5월 13일에 열린 총회에는 초당파 의원 약 350명이 참석했다.

아베는 "옳다고 믿으면 무조건 성급하게 움직이는 성향(세와카이간부)"이 있어서, 이것이 특유의 행동력으로 이어지기도 하지만, 1차 내각에서는 국민투표법과 교육기본법 개정, 방위청설치법 개정 등을 연이어 강행한 것이 지지율 하락의 요인으로도 작용했다.

당시의 국민 여론은 아베가 국회에서 말한 것처럼 '60퍼센트, 70퍼센트가 개헌을 원하는' 상태가 아니었다. 신문과 TV의 여론 조사(2013년

4~5월)를 보면 96조 개정에 대한 찬반은 NHK가 '찬성 26퍼센트, 반대 24퍼센트',《아사히신문》은 '찬성 39퍼센트, 반대 52퍼센트', 아베의 개헌 방침을 후원하는《요미우리신문》도 '찬성 42퍼센트, 반대 42퍼센트',《산케이신문》은 '찬성 42퍼센트, 반대 45퍼센트' 등 모두 찬반 의견이 백중세였다.

그때 여론 형성에 커다란 영향을 미치는 논설이 등장했다.

개헌론자로 알려진 저명한 헌법학자 중 한 사람으로 게이오대학 교수(후에 명예교수가 됨) 고바야시 세쓰[小林節]가《아사히신문》(2013년 5월 4일 조간) 인터뷰에서 '아베 개헌'을 비판한 것이다.「96조 개헌은 '뒷문 입학', 헌법의 파괴다」라는 제목의 기사는 다음과 같은 내용이었다.

나는 헌법 9조의 개정을 주장하는 개헌론자다. 자민당이 헌법 개정 초안을 내놓은 것에 대해서는 높이 평가하고 싶다. 원안이 없다면 논의가 되지 않기 때문이다. 그러나 당의 결정이라면 그 내용으로 (개정 발의에 필요한 중·참의원 의원수의) '3분의 2 이상'을 만들도록 노력해야 할 것이다. 개헌정당이라고 자처하면서 오랫동안 개정을 우회하여 해석 개헌으로 얼버무리려고 한 책임은 자민당에 있다.

아베 총리는 애국의 의무라고 말해도 국민들이 받아들이지 않을 것이라고 생각하자, 96조를 개정해 '과반수'로 개헌이 가능하도록 만들려 한다. 정권 참여에 관심이 높은 일본유신회를 이용해 일단 개헌을 위한 장벽을 낮추면 그 후에는 과반수로 강행할 수 있다. '내용에 대해서는 의견이 나뉘지만 수속을 바꾸는 것뿐이라면 3분의 2를 모을 수 있다. 그러니까 96조를 개정하자'라는 발상이다.

이것은 헌법의 위기다. 권력자는 언제든지 추락할 위험이 있으며 역사의 분기점에서 국민이 충분히 납득하고 있는 헌법으로 권력을 감시하려 하는 것이 입헌주의다. 따라서 헌법은 간단히 개정이 불가능하도록 만들어져 있는 것이다. 일본 헌법은 세계에서 가장 개정이 어렵다고 하지만 미국에서는 (상·하원 각 의원의 3분의 2 이상 찬성과 4분의 3 이상의 주의회 승인이 필요) 개헌 수속이 일본보다 더 까다롭다. 그렇지만 일본 헌법이 생긴 이래로도 6번이나 개정되었다.

자신들이 설득력 있는 개헌안을 제시하지 못하면서 유신회에 의지해 헌법을 파괴하려 하고 있다. 개헌을 위한 조건을 '과반수'로 낮추게 된다면 이는 일반 법률과 마찬가지로 취급하는 것이다. 헌법을 헌법이 아니게 만드는 것이다. '3분의 2 이상으로 국회가 발의하여 국민투표에 붙인다'라는 조건은 세계 표준이다. 내가 아는 한 선진국에서 헌법 개정을 쉽게 하기 위해서 개정 수속을 바꾸는 나라는 없다.

권력자가 '불편하다'고 해서 헌법을 바꾸려는 발상 자체가 잘못된 것이다. 입헌주의와 법치라는 것을 너무 모르는 처사다. 정공법으로 정도를 걸어가야 할 것이다. 96조부터 개정한다고 하는 것은 개헌에 대한 '뒷문 입학'이며, 사도(邪道)다.

이 논설을 계기로 '뒷문 개헌'이라는 비판의 목소리가 급속히 높아졌다. 안보 법안도 마찬가지이지만, 아베는 이론적 검증 없이 프로파간다와 퍼포먼스만 가지고 돌파하려 하는 나쁜 버릇이 있다. 학자와 관료들에게 지지를 받지 못하는 이유이기도 있다.

참의원 선거가 가까워진 6월이 되자 아베는 "평화주의, 기본적 인권, 국민주권(에 관한 조항의 개정 발의)은 3분의 2를 그대로 두는 것도 포함해 논의해 나가겠다"라고 한발 물러섰으며, 참의원 선거 공약에서도 '96조 선행 개정'을 내세우는 것을 단념했다.

뒤에 다루겠지만, 이 좌절이야말로 아베가 헌법 개정을 단념하고 집단적 자위권의 행사 용인이라고 하는 '우회 개헌'으로 치닫게 되는 계기가 되었다.

아베는 '다정한 할아버지'가 무슨 일에든지 머뭇거리지 않는 모습을 보며 경애의 마음을 품었고, 장래에 자신이 목표로 삼을 정치가의 모습으로 받아들였다. 그래서 그는 헌법 개정을 정치가로서의 최대 업적과 공약으로 삼았다. 그러나 현실에서는 그 길이 안 된다면 저 길로 가자고 하는 '뒷문' 정치 수법도 두드러진다. 대학 동창에게 "그런 건 요령이야, 요령!"이라고 했던 말이 새삼 떠오른다.

"천황폐하 만세!"

마침 아베가 헌법 96조 개정에 몰두하고 있었던 시기의 제2차 아베 내각이 매파 쪽으로 기울었다는 것을 상징하는 사건이 일어났다.

아베는 총선거 공약으로 '주권 회복의 날' 제정을 내걸었는데, 정권에 취임하자 즉시 각의결정(閣議決定, 우리나라의 국무회의에 해당하는 내각회의의 결정 사안. 참석자 전원의 찬성이 필요하며 일왕의 결제를 받아 정부 결정 사안으로 성립된다-옮긴이)으로 채택했다. 일본과 연합군과의 전쟁을 종결시킨 '샌프란시스코 강화조약'이 발효되어(1952년 4월 28일), 일본이 GHQ(General Headquarters, 연합군총사령부)에 의한 점령 상태에서 벗어난 날을 '주권 회복의 날'로 정한 것이다.

그리고 2013년 4월 28일 당일, 천황과 황후가 참석한 가운데 정부 주체의 첫 식전인 '주권 회복·국제사회 복귀를 기념하는 식전'을 국회의사당 건너편에 위치한 헌정기념관에서 거행했다.

그런데 샌프란시스코 강화조약에 의해 주권이 회복된 곳은 본토뿐으로, 오키나와[沖縄]와 아마미[奄美], 오가사와라[小笠原] 군도의 주민들에게 이날은 일본에서 분리되어 미국의 신탁통치령이 된 '굴욕의 날'이자 '통한의 날'로 여겨지고 있다(아마미의 본토 귀속은 1953년, 오가사와라 군도는 1968년, 오키나와는 1972년까지 기다려야 했다). 다시 말해 일본이 분할된 날이기도 한 것이다. "천황폐하 부부께서는 지난 전쟁으로 커다란 참화를 당한 오키나와 주민들의 마음을 생각해서 처음부터 식전 참석을 탐탁지 않아 하셨다(궁내청 관계자의 증언)"라고 한다.

식전에는 총리 아베 신조 이하의 중·참 양원 의원(생활의당, 일본공산당, 사회민주당, 녹색바람당은 결석), 도도부현(都道府県, 일본의 행정구역-옮긴이) 지사, 각국 대사가 참석해서 치러졌지만, 전쟁기념일에 거행되는 '전국전몰자추도식'과 같은 천황폐하의 연설은 없었다.

'사건'은 사회를 맡은 스가 요시히데 관방장관이 폐회를 선언, 천황폐하 부부가 퇴장하는 사이에 발생했다. 식전에 앞자리에 앉아 있던 의원이 "천황폐하 만세!"를 외치며 두 손을 쳐든 것을 계기로 아베를 비롯한 많은 참석자들이 만세삼창을 제창한 것이다.

당시 식전에 참석했던 모 의원은 이렇게 회상한다.

"나 역시 갑자기 일어난 해프닝에 놀랐지만, 폐하께서는 더 많이 놀라신 것 같았다. 표정이 굳은 채 퇴장하셨다."

황실 관계자에 의하면 이 '만세 사건'을 계기로 "황실, 국내청과 총리 관저 사이의 골이 깊어졌다"라고 한다. 사실 이듬해부터 '주권 회복의 날'에 정부 주체 식전은 열리지 않게 되었고 전후 70주년의 총리 담화가 갈팡질팡하게 되는 이유가 되었다.

아베는 위안부 문제의 강제성을 인정한 고노 담화와 침략 전쟁을 사죄한 전후 50년의 무라야마 도미이치 내각의 총리 담화에 대해 비판적인 입장을 취하고 있었으며, 전후 70주년 총리 담화에서는 '식민지 지배', '침략', '통절한 반성', '사죄'라는 키워드를 사용하지 않는 방침을 세웠다.

그러나 2015년 8월 14일에 발표된 아베 담화에서는 "사변, 침략, 전쟁, 어떠한 무력적 위협과 행사도 국제 분쟁을 해결하는 수단으로 두 번 다시 사용되어서는 안 된다. 식민지 지배로부터 영원히 결별하고 모든 민족의 자결의 권리가 존중되는 세계가 되어야 한다", "우리나라는 지난 전쟁에서 행한 일에 대해 반복해서 통절한 반성과 진심 어린 사죄의 마음을 표명해 왔다"라고, 4개의 키워드를 전부 집어넣어야만 했다.

그다음 날인 8월 15일에 개최된 '전국전몰자추도식'의 천황의 인사말에는 "과거의 전쟁에 대한 깊은 반성과 함께, 앞으로 전쟁의 참화가 두 번 다시 일어나지 않을 것을 절실하게 기원하며, 전 국민과 함께 전쟁으로 고통받고 돌아가신 분들에 대해서 진심으로 추도의 뜻을 표명하고, 세계 평화와 우리나라의 발전을 기원합니다"라는, 과거의 전몰자추도식 연설에는 없었던 '과거의 전쟁에 대한 깊은 반성'이라고 하는 적극적인 메시지가 포함되어 있었다. 이것이 아베 담화의

숨은 복선이었다.

만일 아베가 담화에서 반성의 말을 포함시키지 않으면 형식적으로는 천황이 총리를 대신해서 사과하는 모양새가 되고, 천황과 내각의 '불일치'가 세계적으로 주목받게 된다. 그렇게 되면 '만세' 타령이나 하고 있을 상황이 아니다. 천황 담화는 천황이 직접 퇴고를 거듭해 작성한 것이다. '아베의 식전'에서 얼굴색이 변한 천황폐하가 그 후에 어떤 마음으로 내각의 우경화를 보고 있었는가를 엿볼 수 있는 에피소드일 것이다.

“헌법 해석의 최고 책임자는 나다”

아베는 소년기에 헌법 전문을 “아름다운 문장이다”라고 한 교사의 말에 “이상하지 않아?”라고 반발하고, 대학 시절에는 친구에게 “너희들, 지금 헌법은 이상해, 9조를 바꿔야 해, 그렇게 생각하지 않나?”라고 열변을 토했다. 기시에 대한 애착으로 인해 마음에 새긴 것이라 해도 일종의 신념으로서 오랫동안 품어온 사상임에는 틀림없다.

필자는 아베가 자민당 간사장이던 시절에 “왜 헌법 개정이 필요한가?”라고 질문한 적이 있다. 아베는 ‘제정 과정’, ‘시대’, ‘정신’의 3가지를 이유로 들었다.

“지금의 쇼와헌법이라고 하는 것은 성립 과정에 문제가 있다. GHQ 등에 있던 헌법에 문외한인 젊은 뉴리더들이 극히 짧은 시간을 들여서 만든 것이다. 그들은 나름대로 이상에 불타올라 작성했겠지만, 아무리 그렇더라도 그 경위는 역시 문제가 있다. 경위는 어찌 되었건 완성된 내용은 훌륭하다고 하는 사람도 있지만, 일본의 기본법이 이런 경위로 만들어졌다는 것은 반드시 바로잡아야 한다."

이른바 '미국이 강요한 헌법'론이다. '시대'에 대해서는 이렇게 이야기한다.

"쇼와에서 헤이세이[平成](1989년 1월 8일부터 사용된 일본의 연호-옮긴이) 시대로 접어들어 헌법이 성립된 지 50년 이상 지났다. 확실히 시대에 맞지 않는 부분이 생겨나고 있다. 전문을 포함해 9조가 그 전형이다. 이외에도 환경권 문제나 프라이버시 문제 등 새로운 시대에 맞는 가치가 생겨나고 있다. 수정이나 개정이 필요한 조문이 있다."

아베의 주장은 "북한에서 미사일이 날아오는 시대에 헌법 전문에 있는 '평화를 사랑하는 여러(나라) 국민의 공정과 신의에 신뢰하여 우리의 안전과 생존을 유지할 것을 결의했다'는 성선설적인 입장으로 국익이 지켜질까" 하는 것이다.

마지막으로 '정신'에 대해서는 "새로운 시대를 만들어가기 위해서는 우리가 살고 있는 지금 이 시대에 우리 일본인들의 손으로 새로운 헌법을 만들자는 의욕과 뜻이 필요하다고 본다. 이것이 지렛대가 되어 진정한 의미의 개헌을 추진할 수 있는 기개가 흘러넘치게 되지 않을까 생각한다"라고 한다.

이 말을 들은 필자는 "전면 개헌을 생각하는가?"라고 물었고, 그는 다음과 같이 대답했다.

"그렇다. 일부 수정이 아니라 처음부터 새로 만드는, 말하자면 백지 상태에서 시작하자는 것이다."

그러나 아베가 그렇게도 강하게 집착하던 헌법 개정 문제가 눈 깜짝할 사이에 시들해진 일에 필자는 아연실색해버렸다. 기시의 행동을 규범으로 삼고 있다면 정권을 잃을 각오로 뛰어들어야 하는데, 참의원 선거를 위해 96조 개정을 던져버리고 '일부 수정'보다도 훨씬 심한 '해석 개헌'으로 우회해 버린 것이다.

그런 부분에서 아베에게 '집단적 자위권'은 깊은 의미가 있다.

일본 정부는 다나카 가쿠에이 내각 당시인 1972년에 집단적 자위권에 대해서 "보유는 하지만, 헌법상 행사는 불가능하다"라는 정부 견해를 내놓았으며, 역대 정권마다 그 입장을 지켜왔다. 근거가 된 정부 견해의 근간은 다음의 내용이다.

> 우리 헌법하에서 무력행사가 용인되는 것은 우리나라에 대한 급박한 사태, 부정적인 침해에 대처하는 경우로 제한되며, 타국에 가한 무력 공격을 저지하는 것을 내용으로 하는 집단적 자위권의 행사는 헌법상 용인될 수 없다.

국가의 기본인 헌법의 해석을 한 내각, 한 명의 총리의 판단으로 전환하는 것은 법치국가의 근간을 흔드는 일이다. 가령 헌법 개정 없이 헌법 해석을 재검토하는 것이라 해도 최소한 국민적 논의와 합의를 거쳐야 하는 것인데, 이러한 발상이 아베에게는 없었다. 아베는 2014년 2월 12일에 중의원 예산위원회에서 집단적 자위권을 둘러싼 헌법 해석을 이렇게 단언하고 있다.

"(헌법 해석의) 최고 책임자는 나다. 정부 답변은 내가 책임을 지고 그에 대해 선거에서 국민의 심판을 받는다. 심판을 받는 것은 내각법제국 장관이 아니다. 바로 나다."

그리고 해석 변경을 위해 강경한 방법을 사용했다. 우선 아베는 사전에 정부 제출 법안(각법(閣法))의 헌법 해석을 체크하는 내각법제국의 장관직에 집단적 자위권 해석 용인파인 고마쓰 이치로[小松一郎] 전 외무성 국제법국장(재임 중 사망)을 기용하여, 헌법 해석 변경에 부정적이던 내각법제국의 반대론을 봉쇄하는 인사를 단행했다.

계속해서 행사 용인파인 학자와 지식인으로 구성된 총리의 개인 자문 기관 '안전보장의 법적 기반 재구축에 관한 간담회(회장은 야나이 슌지[柳井俊二] 전 주미대사)'에 '집단적 자위권 행사는 용인되어야 한다'는 내용의 보고서(2014년 5월)를 제출하게 하여 같은 해 7월에 집단적 자위권의 행사를 용인하는 헌법 해석의 전환을 각의결정한다.

96조 개정을 단념한 지 1년도 되지 않은 시점의 결정이었다. 신념과는 거리가 먼 "요령이야, 요령"의 가벼움이 드러나는 전략이라는 점은 분명히 지적받아야 할 것이다.

이 역사적인 각의결정에 있어서 내각법제국은 단 하루 만에 심의를 끝내고 '의견 없음'이라고 이의를 달지 않았던 점, 더욱이 심의 과정 자료를 공문서로 남겨두지 않은 점 등을 《마이니치신문》(2015년 9월 28일)이 특종으로 보도했다.

'안보국회'에서 갚아준 할아버지의 원수

그러나 아베가 이 헌법 해석 변경을 포함해 안전보장 관련 법안을 국회에 제출하자 국민적 반대 운동이 일어났다.

2015년 8월 30일, 안전법제에 반대하는 수만 명의 시위대가 국회 앞에 몰려왔다. 주최측 발표로는 '약 12만 명', 경찰 발표로는 '약 3만 3,000명'으로 추산되는 시위대에는 고등학생과 대학생, 아이를 데려온 주부, 회사원과 고령자까지 포함되어 있었다. 안보투쟁 세대인 필자도 시위 현장을 취재하며 반세기 전 모습과의 공통점도 '변질'도 두 눈으로 확인했다.

아베에게 안보반대 시위는 트라우마다. 어린 시절, 기시 노부스케의 저택으로 몰려든 시위대는 '할아버지'를 사임으로 몰아넣은 원수였다. 외조부가 착수한 안보조약 개정에 반대하는 리버럴파를 향해

"수상쩍은 부분을 느꼈다"라고 말한 아베는 안보법안에서도 국민의 목소리에 귀를 닫아버렸다.

그리고 9월 19일 새벽, 1만 명이 넘는 국민이 심야의 국회를 둘러싼 가운데 아베 정권은 참의원 본회의에서 안보법안을 강행 표결하여 성립시켰다.

그날 아베 총리는 당당하게 가슴을 펴고 이렇게 같이 말했다.

"전후 이래의 대개혁이 이루어졌다. (국민의 반대는) 각오했던 것이다."

더욱이 '한 맺힌 60년 안보 개정'과 비교하면서 시위대를 '도발'하기까지 했다.

"당시엔 '총리의 신변 안전을 지켜내기 어렵다'는 말까지 있었지만 이번엔 전혀 그런 상태가 아니다. 나는 평상심으로 (법안) 성립을 기다렸다."

안보법제에 대한 각 신문사의 여론 조사에서는 '현재 국회에서의 성립은 바람직하지 않다'는 답변이 60퍼센트를 넘어 많은 국민이 '정부의 설명이 불충분하다'고 느끼고 있었다. 어떠한 상황에서 집단적 자위권 행사가 필요한가에 대한 국회 답변도 갈팡질팡했다.

그렇지만 아베는 야당과 매스컴, 국민을 현혹시켜가며 더욱더 법안 성립에 매진했다. 거기에는 기시의 유지를 계승하고 역사에 이름을 남기고 싶은 사심이 들어 있었음을 부정할 수 없을 것이다.

법안 성립 3일 후인 9월 22일, 아베는 기시와 신타로가 나란히 잠들어 있는 후쿠오카[福岡] 현 오아먀[小山] 정 후지[富士] 공원묘지를 찾아, "아버지와 할아버지의 묘지 앞에서 국민의 생명과 평화로운 삶을 지키기 위한 법적 기반이 정비된 것을 보고했다"라며 만족스러운 듯 이야기했다.

모락모락 피어나는 건강 문제

아베는 묘지 앞 보고에서 안보국회를 무사히 넘긴 만족감을 느꼈을 것이 틀림없다.

필자의 수중에는 아베의 건강에 관한 극비 취재 메모가 있다. 새삼 메모를 뒤적여보니 2015년 통상 국회 연장 이후부터 '무척 피곤해 보인다', '초조해하는 모습이 늘어났다', '한계에 다다른 상황이다', '더 이상 격무를 견딜 체력이 아니다'는 등 건강 불안을 떠오르게 하는 이야기가 눈에 띈다. 실제로 토혈과 구토, '단골 초밥집에서 몸 상태가 이상해졌다'는 등의 여러 정보가 범람하고 있다.

건강 문제와 강경하고 성급한 국회 운영을 연결해보면 한 가지 추론이 가능하다.

"신 짱은 일단 생각한 일은 무슨 일이 있어도 꼭 해야만 직성이 풀리는 고집스러움이 있다(양육 담당 우메)"고 했던 기질과 "한계에 다다른 것 같은" 몸 상태를 조합하면, 안보법안을 후속 심의 혹은 3차 내각의 과제로 미룰 수는 없지 않았을까.

궤양성대장염의 가장 큰 적은 ①스트레스, ②음주, ③기름진 식사와 자극적인 음식 섭취다.

그러나 아베는 건강불안설을 불식시키려는 듯이 파티에서 술을 마시며 기자들과 불고기집에서 보란 듯이 불고기와 김치를 즐기고, 중국 음식점에서 기름진 요리를 먹기도 했다. 이래서는 몸 상태가 좋아질 리 없다. 앞서 서술한 후쿠다 다케오의 말처럼 총리대신은 매일 엄습하는 스트레스로부터 벗어날 수 없다.

수년 전 아베가 필자에게 다가와 입에 올린 말도 다시 생각난다.

"노가미 씨, 이제 몸은 좋아졌으니 더 이상 '건강 불안', '건강 불안'이라고 쓰지 말아주세요."

기자와 보란 듯이 회식을 하거나 필자에게 '요청'할 정도라면, 왜 국민들을 상대로 명확하게 자신의 건강 상태에 대해 이야기하지 않는 것일까? 필자가 과거 기자로서 강한 인상을 받은 것은 천황의 심장 바이패스 수술(2012년 2월)을 맡았던 준텐도대학병원의 아마노 아쓰시[天野篤] 심장혈관외과교수를 비롯한 의료진의 수술 후 회견이다. 아마노 교수 등은 그림까지 동원해가며 "수술은 대성공. 전혀 문제가 없다"라고 국민들을 안심시켰으며, 수술 1년 후에는 '문제없다'고 확인 도장을 찍어 천황의 해외 출장 허락을 공표했다.

천황이 의사에게 회견을 지시한 것은 국민 통합의 상징인 자신의 존재를 잘 알고 있기 때문일 것이다. 총리대신 역시 공인 중의 공인이다. 그의 건강은 국민의 관심사며 국익에 직결된다. 정말 문제가 없다면 국회 폐회 후라도 의료진이 회견을 갖는 것이 마땅하지 않을까?

현실은 이와 반대다. 총리 재취임 후에도 아베의 의료팀은 필자의 취재에 무겁게 입을 닫고, 단 한 번도 공식적으로 아베의 건강 상태에 대해 말하지 않는다. 의사로서의 비밀 엄수 의무는 아베 본인이 허락한다면 아무런 문제가 되지 않을 것이다. 아베는 이는커녕 '토혈'이라고 보도한 주간지를 '고소한다'며 강압적인 자세를 보인다. 더구나 실제로 고발한 흔적은 없다. 법정에 나오면 곤란한 쪽은 아베가 아닐까 하는 오해를 받기 충분하다.

3차 내각을 발족한 후인 2015년 10월 10일, 아베는 약 6시간 동안 주치의가 근무하는 도쿄 시나노마치[信濃町]의 게이오대학병원에 정기검진을 받으러 갔다. 필자의 취재파일에는 "국회 개회 중에 미루었던 혈액 검사와 MRI 촬영 등 각종 데이터 수집이 이루어지고, 건강 상태에 관한 철저한 검토가 이루어졌다"라고 되어 있다.

아베는 지병에 효과가 좋다고 알려진 아사콜 외에도 부작용인 염증을 막는 스테로이드 등 여러 종류의 약을 복용하고 있다고 알려졌다. 일반적으로 다양한 종류의 약물 복용이 장기화되면 간장과 신장 등에 무리를 준다. 산더미 같은 외교 일정을 앞두고 전담 의료팀이 건강 유지 대책을 찾아낼 필요가 있었던 것은 아닐까? 아무리 외교를 좋아하는 아베라고 해도 2개월 남짓한 기간 동안 6개국을 방문하는 2015년 가을의 외유 일정은 이례적인 것이었다. 실제로 의료팀 내에서는 건강 문제에 대해 염려하는 분위기가 있었다고 전해진다.

한편 2015년 가을의 임시국회가 아베 총리 관저의 뜻에 따라 열리지 못한 것도 간과할 수 없다. 새로운 각료들의 소신을 표명하는 기회로서도 임시국회 개최는 당연한 것이다. 큰 틀의 합의를 이룬 TPP(환태평양경제동반자협정)를 비롯해 '1억 총활약 사회', '새로운 3개의 화살', 추경예산 등 심의해야 할 정책 문제는 산적해 있다.

국정이 최고 권력자의 건강 상태에 좌우되는 사태는 물론 있어서는 안 된다.

'납치의 아베'의 변질

그렇다고 해도 아베가 안보법안을 '9월 18일'에 성립시키려고 이상할 정도로까지 집착한 것은 왜일까? (실제로 성립시킨 것은 9월 19일 새벽)

사실 이 일정은 아베가 최고 실적으로 내세우는 납치 문제와 관계가 있다. '9월 18일'은 북한이 일본 정부에게 "1년 정도를 목표로 재조사 결과를 보고한다"라고 통보해 온 지 꼭 1년째 되는 날이었다.

북한에 대한 강경 자세로 이름을 높인 아베이지만, 총리에 재취임한 이후로는 지금까지의 강경 자세를 180도 바꿔 대화 노선으로 키를 꺾었다. 이는 아베의 초조함이었다.

아베는 2006년 총리 취임 시에 "이번 내각에서 납치 문제를 완전히 해결하겠다"라고 큰소리쳤다. 그러나 이런 강경책은 북한의 태도를 더욱 경직시켰으며, 대화의 실마리를 찾지 못한 채 겨우 1년 만에 정권을 내던져서 납치 피해자 가족들을 낙담시켰다.

명예 회복을 노리던 아베는 총리 재취임 이틀 후에 납치피해자가족회 멤버를 총리 관저로 초대해 다음과 같은 굳은 의지를 표명했다.

“5년 전, 갑작스러운 사임으로 납치 피해자 가족들을 대단히 실망시켰으며, 저 역시 고통스러웠습니다. 제가 다시 한 번 총리가 된 것은 납치 문제를 어떻게든 해결하려는 사명감에 의한 것입니다. 5명이 귀환했을 때 돌아오지 못한 피해자의 가족들은 눈물을 흘렸고, 그것을 보고 모두를 일본으로 데려오는 것이 제 사명이라고 다짐했습니다. 그러나 10년이 지나도 이루지 못한 점 대단히 죄송합니다. 다시 한 번 총리 임명을 받았으니 반드시 아베 내각에서 완전한 해결을 추진해 나가겠습니다.”

북한은 영리했다. 아베의 초초해하는 모습을 보자 “북한은 납치 피해자를 귀국시킬 용의가 있다”라는 수상한 정보를 일본 정부에 흘렸다. 이 정보는 노다 정권 시대에도 전달되었던 것으로, 노다 역시 한때 방북을 적극 검토했지만 확실성이 떨어진다는 이유로 유야무야되었다.

그러나 아베는 이 정보에 편승한다. 외무성을 통해 교섭을 재개했으며, 2014년 봄에는 방위성에 비밀리에 정부 전용기 준비를 지시하며 전격 방북 의욕을 보였다. 7월의 일북국장급회담에서 일본인 납치 피해자들의 재조사를 위한 특별조사위원회 설립에 합의하고, 납치피해자가족회의 반대를 무릅쓰고 북한에 대한 경제 제재 일부를 해제했다. 여기서부터 아베는 북한의 페이스에 완전히 말려들었다.

일본 측이 일방적으로 경제 제재를 완화한 후, 일북 교섭은 전혀 진전이 없이 시간만 흘러갔다. 물론 북한이 "1년 정도를 목표로 재조사 결과를 보고한다"라고 통보한 후 1년째인 2015년 9월 18일에 되어도 감감무소식이었다.

만일 이날이 안전보장법안의 중의원 강행 체결과 겹치지 않았다면, 그날 신문에서는 '북한의 납치 피해자 조사 개시로부터 1년, 진전 없어' 등의 대북외교 실패가 대대적으로 보도되었을 것이다. 국민적 관심이 높은 문제라 아베에게 '무기'였던 납치 문제가 실패로 보도되면 당연히 본인의 주가는 물론 그가 가장 신경 쓰는 내각 지지율에도 커다란 영향을 미치지 않을 수 없었다. 그것이 안보법안에 의해 묻히면서 납치 피해자 조사가 암초에 부딪힌 실상이 국민들의 관심에서 벗어난 채 잊히는 모양새가 된 것이다.

필자는 고이즈미 방북 후에 5명의 납치 피해자가 돌아왔을 때 가족회의 주요 멤버들과 인터뷰를 했다. '그 정도까지'라고 생각될 정도로 하나같이 아베에 대해 감사와 신뢰의 마음을 가지고 있던 것이 인상 깊게 남아 있다. 이때의 취재에 대해서는 4장에서 자세히 다루었다.

아베에 대한 가족회의 신뢰를 잘 알고 있는 필자는 총리 재취임 후의 아베의 태도가 납치 피해자 가족의 신경을 날카롭게 만들었다고 생각한다. 실제로 납치피해자가족회의 부대표인 하스이케 도루[蓮池徹] 씨는 2015년 9월 29일 자신의 트위터를 통해서 1년이 지나도 아무 소식이 없는 상황에 분노를 표했다.

도대체 어떻게 되고 있는 거지? 오늘이 북한의 납치 재조사 결과 보고 기한일이다. 일본 정부는 말이 없고, 총리는 (외유로) 부재.

납치는 북한에 의한 국가범죄로, 최고 권력자의 명령에 의해 국가기관이 일본인을 납치했다. 공작원 교육이나 요도호 사건(1970년에 일본 적군파(赤軍派) 요원 9명이 항공기를 납치해 북한에 망명한 사건-옮긴이) 탈취범들의 아내로 삼기 위해서다. 납치 피해자들이 현지에서 당국의 엄중한 감시 아래에 놓여 행동에 제약을 받고 있음은 귀국한 5명의 증언으로 확인되었다.

북한은 '납치 피해자의 안부' 등에 대해 다시 조사할 필요도 없이 처음부터 파악하고 있다. 아베 자신도 자민당 간사장 시절부터 "납치한 것은 그들이니 행방을 알고 있다. 모르는 척하고 함께 조사하겠다고 하는 것은 시간을 벌려는 것뿐이다. 납치 문제는 김정일 국방위원장이 지시하면 1초 만에 해결되는 이야기다(《니혼게이자이신문》, 2004년 5월 22일)"라고 말해왔다.

북한 정부의 사정에 정통한 베이징 주재 외교 관계자는 다음과 같이 이야기한다.

"아베 관저에서는 '재조사'를 들고 나와 가족회를 기대하게 만들었다. 북한 측은 '다시 조사한다'는 말을 했지만 사실 새로운 사실을 찾아내서 일본에게 제시하겠다는 의미는 전혀 아니다. 북한 측에서 보면 '재조사'라는 말은 일본 정부가 국내용으로 사용하고 있는 것으로, 관여할 바 아니라는 태도다."

그리고 이런 말도 덧붙였다.

"북한은 아베 총리에 대한 신뢰감이 전혀 없다. 적극적으로 일북 관계를 개선하겠다는 생각은 없다. 아베 정권에서 국교 정상화의 문을 열겠다고는 500퍼센트 생각하지 않는다."

그렇다면 아베가 북한이 말하는 대로 '특별조사위원회' 설치에 의한 재조사에 합의한 것은 명백한 외교적 실패다. 현실적으로 가족회 내부에서 "아베가 북한에 1년이나 되는 시간을 주고 우리들에게 기대감을 품게 한 것은 공명심 때문이다"라는 불신의 목소리도 들려왔지만, 이런 반응은 당연한 것이다. 북한은 감쪽같이 경제 제재 해제와 현안이었던 조총련(재일조선인총연합회) 본부의 경매 문제 해결(사실상 앞으로도 사용 가능하게 되었다)이라는 과실을 손에 넣었다. 반면 일본은 수확이 전혀 없는 빈손이었다.

오랫동안 납치 문제에 관여해왔던 납치의연 멤버의 한 사람도 이렇게 말한다.

"납치 교섭은 외교다. 타협안을 어떻게 도출할 것인가가 중요하다. 고이즈미 총리의 방북으로 김정일이 납치를 인정하고 5명을 귀국시키기는 했지만, 이는 인도적 판단이 아니라 25만 톤의 쌀 지원(실제로 지원한 것은 절반)이라고 하는 교환 조건이 있었기 때문이다. 아무리 맞는 말이라도 일본이 일방적으로 '돌려보내라'고만 주장하고 경제 제재를 강화한다면 북한은 상대하려 들지 않을 것이다. 아베 씨의 강경노선 이래 10년 동안 새로운 귀국자는 한 명도 없었다. 가족회는 그래도 아베에게 기댈 수밖에 없다는 사정이 있다. 2차 아베 정권이 경제 제재 완화로 노선을 크게 전환시킨 것은 지금까지의 북풍 정책의 실패를 깨달았기 때문이기도 하지만, 어떻게 해서든지 납치 문제로 외교 '득점'을 올리고 싶다는 정치적 타산도 깔려 있다. 북한에 약점을 들킨 아베 씨는 외교적으로는 진흙탕에 빠져버렸다."

여러 총리 관저 간부의 이야기를 종합하면, 아베는 납치 문제에 전혀 전망이 보이지 않고 간판 정책으로 내세워온 피해자 구출이 어렵게 된 상태에서 가족회와 국민 여론을 잡아두기 위해 이 방법, 저 방법을 고려하고 있다고 한다. 예를 들면 북한과 외교 관계가 양호한 몽골을 통해 요코다 메구미 씨의 딸 김은경 씨를 방일시켜 요코다 부부와 '눈물의 상봉'을 시키는 등, 가족회가 아베에게 등 돌리지 않도록 여러 '대안'이 검토되고 있다. 여기서도 "요령이야, 요령"이라고 한 실리주의와 책사 같은 모습이 엿보인다.

아베는 3차 개조 내각에서 납치 담당대신에, 여성활약 담당과 1억 총활약사회 담당을 맡고 있는 가토 가쓰노부[加藤勝信]를 겸임시켰다. 지금까지는 국가공안위원장이 겸임해 온 역할이다.

"납치와 경찰은 표리일체임에 틀림없다. 가토는 납치 문제에 관여한 경험이 없을 것이다. 아베 씨는 이제 납치 문제를 포기한 것인가(자민당 납치의연 멤버)."

불만은 납치 피해자 가족들에게도 퍼져갔다. 취임 일주일 후인 2015년 10월 16일, 가토는 처음으로 가족회 멤버들과 면담을 가졌는데, 대표인 이즈카 시게오[飯塚茂雄]는 "납치자 가족은 정신적으로도 육체적으로도 한계에 와 있다"라고 말한 후 "전임이 아닌 것이 무척 유감스럽다"라는 말을 일부러 덧붙였다.

앞에서 언급한 납치의연 멤버는 "아베는 납치 문제로 총리가 되었는데, 이젠 납치 문제가 목을 조여오는 것 같은 느낌을 지울 수 없을 것이다"라고 진단했다.

과거, 아베는 필자에게 이렇게 정열적으로 토로한 적이 있다.

"납치 피해자를 전원 귀국시키지 않는 한, 납치 문제는 끝나지 않습니다. 그렇죠? 그렇게 생각하지 않습니까?"

"정치는 결과로 책임진다"라는 말을 입버릇으로 삼고 있는 아베. 10년이나 기대감을 질질 끌어온 납치 문제의 결말을 어떻게 지을 것인지는 이 정치가의 '진심'을 측량하는 데 가장 알기 쉬운 주제일지도 모른다. 2015년 9월 24일 총재 재선이 결정된 직후의 기자회견 당시, 아베의 입에서는 납치의 'ㄴ' 자도 나오지 않았다.

다음 날의 회견에서는 납치를 언급하지 않는 아베에게 속을 태운 기자가 "재조사로부터 1년이 경과되었지만 보고서가 아직 나오지 않았습니다. 앞으로의 전개를 알려주십시오"라는 질문을 던졌다.

그에 대해 아베는 관료 답변같이 기계적인 한마디로 화제를 돌려버렸다.

"진심으로 유감입니다."

천국에서 보고 있을 부친 신타로는 "신조는 여전히 정치가로서 필요한 정이 없구나. 저래가지고는 아직 멀었어"라고 중얼거리지는 않을까, 그런 생각이 필자의 머릿속을 스쳐갔다.

*

기시 노부스케의 손자, 아베 신타로의 아들이자 정계의 서러브레드로서 순조롭게 출세했던 아베는 정권을 내던지는 좌절을 맛본 뒤,

자민당 사상 처음으로 총리 재취임을 달성했다. 2015년 가을에 있었던 자민당 총재 경선에서도 "아베 측은 공천 취소까지 언급하며 대항마 봉쇄에 나섰다(자민당 무파벌 의원)." 그 결과 투표 없이 재선에 성공하여 2018년까지 새롭게 3년간의 총재 임기를 보장받았다.

"대항마가 나오면 지방당원들과 국회의원들로부터 상당한 반대표가 나와 매파 정책 노선 추진에 한계가 올 것이라는 위기의식이 작동한 결과(측근)" 때문이었지만, 그 압도적인 권력에도 불구하고 정치를 맡길 수 있다는 안도감보다는 강경하기만 한 정책과 위태로운 국정 운영, 도량의 협소함, 외교적 옹졸함, 품격이 결여된 국회에서의 야유 등, 과거 '정권을 던져버렸던' 모습에서 거의 성장하지 못했다고 느끼는 것은 필자만이 아닐 것이다.

정치가로서의 위태로움을 성장 과정에서 찾으려고 하는 필자의 아베 연구는 아직 완성 도중이지만, 외조부와 부친의 정치적 업적과 학력에 대해 콤플렉스를 느끼며 자란 아베는 진정한 의미에서 두 사람을 넘어섰다는 자신감을 갖지 못한 채, '매파의 갑옷'으로 자신의 약점을 감추고 표면적인 정치적 실적을 쌓아 방패로 삼으려 헛도는 것처럼 보인다.

우선은 여기서 펜을 놓겠지만 아베 신조의 이야기는 지금도 진행 중이며, 이는 국민을 둘러싼 중대한 시나리오와 겹쳐 있다. 이는 아베의 개인사로 그치지 않는다. 적어도 기시와 신타로에게는 자신의 지위에 대해 책임감을 느끼고 기량을 펼칠 수 있는 박력과 패기가 있었다. 아베가 그 오라(aura)를 몸에 익히는 날이 언제 올 것인가.

맺음말

아베 신조 씨를 다룬 필자의 평전은 간사장 취임 후 첫 총리 대신에 취임하기 전인 2004년과 2006년 여름에 이어서 이번이 세 번째다.

최고 권력자의 정책과 행동을 '부추기는' 식의 견해는 필요하지 않을 것이다. 최고 권력자에게는 차고 넘치는 권력이 부여되고, "잘하는 건 당연하고, 실패하면 비판받는다"라는 긴장감을 항상 지니고 있어야 하기 때문이다. 그런 의미로 기대감을 내포해 '감미료'를 첨가했던 전의 두 평전과 달리 이 책은 매운맛을 의식했다.

필자가 정치 기자로서의 경력이 아직 미천했을 때, 총리 담당 기자로서 취재했던 최고 권력자 2명의 말이 새삼 기억에 남는다.

사토 에이사쿠: "자네 기자들은 가끔 무례한 말을 하지만, 마음의 수양이라 생각하고 가슴으로 받아들이려고 하고 있네."

다나카 가쿠에이: "자네들도 일이니까. 기분이 상해도 꾹 참고 받아들이겠네."

젊은 기자들의 거슬리는 행동도 선뜻 흘려버리는 권력자의 말에서 도량의 깊이를 느꼈다.

이 책을 매듭지으며 아베에 대한 개인적인 감상을 한 가지 덧붙인다면, '변함없이 도량이 깊지 못했다'는 것이다. 자민당 OB의원이 평한 "아베 군에게는 지(知)와 덕(德)을 느낄 수 없다"라는 말과도 일맥상통한다.

이 책에서도 소개했지만 아베 씨는 "기가 세고 자기 멋대로(양육 담당인 우메)"이며 "반대 의견에 순간적으로 반발하는 자기중심적인 타입(동창)"이다. 그 점이 부친인 신타로 씨가 걱정하던 "정치가에게 필요한 정이 없다"라는 일면과 연결된다.

마음에 들지 않는 상황이나 의견에 부딪히게 되는 경험은 누구에게나 있다. 이에 일일이 과민반응하면 신경이 버티지 못한다. 이럴 때는 좀 더 머리를 굴리고 감정을 억누르면서, 즉 임기응변으로 지와 덕을 활용해 언동에 조심해야 한다. 그래서 '도량이 깊어졌다'는 인상을 주는 것만으로도 정치가로서 충분히 성숙된 모습을 보여줄 수 있다. 그러나 오랫동안 아베 씨 부자를 취재해 온 필자가 볼 때, 아버지에게는 있지만 아들에게 부족한 것이 이런 점이라고 생각한다.

가장 두드러진 장면은 안전보장 관련 법안 심의에서 보여준 야유였는데, 야당으로부터 계속해서 사과를 추궁당하면서도 아베 씨는 자신을 자제하지 못하고 같은 행동을 반복했다. "자신을 성장시키는 학습 능력이 결여된 것을 은연중에 드러내는 듯하다"라는 말은 앞에서 언급한 OB의원의 평가다.

"내가 총리대신이다. 결정하는 것은 나다"라는 말에도 귀를 의심했다. '세계에서도 유례가 없는', '역사상 처음으로', '사상 최고', '국가 백년대계' 등 실적을 자랑하는 모습도 보기 좋지 않다. 정치는 최고 권력자의 자기만족을 위한 것이 아니다. 평가는 국민과 역사가 내리는 것이다.

아베 씨는 1차 내각에서 물러난 후, "이것저것을 한꺼번에 하려고 너무 서둘렀다", "그때의 좌절이 정치가로서 피와 살이 되었다"라고 말했다. 그러나 "총리는 바로 결과가 나오기를 기대한다(총리 관저 간부)"라는 것을 보면 그때의 반성을 살리지 못하고 있는 듯하다. 자신이 계획한 정치 과제를 실현하려는 것은 좋다. 문제는 그 과정이다. 권력은 어디까지나 국민에게 부여받은 것으로, 사회의 분위기를 읽어가며 착지점을 찾아가야 하는 것이 당연하다. 그런데 성급하게 결과를 내려고 숫자에만 의지해 강경책에 치우친 수법을 꾀한다면 국민의 신망을 잃을 것이다. 이미 '신 짱 붐'이 시들해지고 있는 것은 1차 내각의 교훈을 살리지 못하고 있다는 증거가 아닐까.

"전국 방방곡곡까지 풍요로움을 실감하게 하겠다"라던 경제 정책 아베노믹스의 금도금도 벗겨졌다. 자민당 총재 경선에서 재선되면서 '새로운 3개의 화살'을 제시했지만, 국민이 열광하는 일은 이제 없을 것이다. 처음 제시한 3개의 화살, 특히 성장전략을 만들어낼 것으로 기대했던 세 번째 화살(민간 기업의 성장 도모를 위한 규제 완화와 개방-옮긴이)은 아직 쏘지도 못한 상태며, 이대로라면 국민이 아베 씨에게 등 돌리는 것은 피할 수 없는 흐름일 것이다.

강경하고 겉만 그럴싸한 정치 수법과 함께 걱정되는 것은 2차 내각 출범 이후 특정비밀보호법(유출 시 국가의 안전보장에 지대한 지장을 초래하는 정보를 특정 비밀로 지정해 이를 유출하거나 보도하는 행위를 처벌하는 법-옮긴이), 무기수출 3원칙의 해제, 집단적 자위권 행사 용인 그리고 안전법안 등 "마치 전쟁 전으로 회귀하는 군국 노선에 매진하는 듯(자민당 중진 의원)"한 매파적 색채다. 지금 일본은 좌우로 나뉘어서 큰 논쟁을 벌이고 있지만, 이는 단순하게 정책상의 찬반 문제가 아니다.

『논어』에는 공자와 제자인 자공이 나눈 다음의 사제 문답이 있다.

"정치란 무엇입니까?"

"국민을 먹이는 것, 군비를 구축하는 것, 그리고 국민의 신뢰를 확보하는 것이다."

"3가지 중에서 어쩔 수 없이 하나를 포기해야 한다면 그건 무엇입니까?"

"군비다."

"2가지 중 하나를 더 포기한다면 무엇입니까?"

"먹는 것을 끊으면 된다. 사람은 누구나 죽기 때문이다. 그러나 국민의 신뢰가 없다면 영원히 계속되는 정치는 성립하지 않는다."

이 말을 빌리자면 아베 정권의 최우선 순위는 정반대라고 생각된다.

알다시피 아베 씨는 스트레스에 치명적인 궤양성대장염이라는 지병이 있다. 그러나 그 손에는 숫자(권력)도 쥐어져 있지 않은가. 앞으로 본격 정권, 장기 정권을 목표로 한다면 잔재주를 부리는 정치를 배제하고 묵직한 태도로 도량을 넓혀서 야당과 국민을 마주할 수 있도록 지와 덕을 활용해야 할 것이다. 경애하는 할아버지도 말하지 않았던가? "힘만 잔뜩 주면 안 된다. 힘 조절이 필요하다"라고.

내가 끈질기게 아베 씨의 병을 지적하는 것은 그것을 비판의 재료로 쓰려는 것이 결코 아니다. 한 나라 지도자의 건강은 정치, 더 나아가 국익에 직결되기 때문이다. 이 책을 집필하는 중에 안보국회가 폐회하고 아베 씨는 미국으로 외유를 다녀와서 귀국 후 세 번째 내각 개조를 발표했다. 소폭 개각에 그친 점, 그리고 최고의 주력 정책으로 내세운 '1억 총활약 사회', 큰 틀의 합의를 마련한 TPP 관련 교섭 등 중요한 문제가 산적한 상황에서 임시국회가 열리지 못한 이해할 수 없는 광경은 아베 씨의 건강과 관련돼 보인다. 그뿐 아니라 자민당 내에서는 "자신은 안보, TPP까지. (2016년 5월의) 이세시마[伊勢志摩] 서밋(G7 정상회의)을 퇴장 무대로 생각하기 시작한 것 같다"라는 견해까지 떠오르고 있다.

실제로 아베 씨의 지병은 본인이 말하는 것처럼 '완전히 좋아졌다'고 보이지는 않는다. 치료약인 '아사콜'뿐 아니라 장의 염증을 막기 위한 스테로이드제도 복용하고 있다고 전해진다. 건강이 무너지면 기력과 체력을 쥐어짜기 위해 향정신성 의약품도 복용해야 할 것이다. 이처럼 부작용을 동반하는 수많은 종류의 약물을 투약하게 되면 선천적으로 약한 아베 씨의 소화기관이 손상될 것은 쉽게 상상할 수 있다. 수많은 약물을 장기 복용하는 것은 간 기능 장애를 초래할 것이다. 부친인 신타로 씨가 췌장암으로 쓰러져 재기할 수 없었던 모습을 지켜보았던 필자는 아베 씨의 과도한 업무와 스트레스가 심신을 좀먹고 있는 것을 우려하지 않을 수 없다.

TV에 나오는 최근의 아베 씨의 안색과 표정은 내가 알고 있는 그 모습이 아니다. 불안이 엄습하는 것을 막을 수 없다.

이 책은 필자의 앞서 간행된 두 권의 평전과 2015년 초여름에 《슈칸포스트》에 연재했던 같은 제목의 기사를 바탕으로 최근 아베 씨의 언동과 정치 동향에 근거해 대폭적으로 가필한 것이다. 끝으로 취재와 구성, 자료 정리 등에 아낌없이 협력해준 지널리스트 다케토미 가오루[武富薫] 씨에게 진심으로 감사한다. 그의 협력 없이는 이 책이 나올 수 없었을 것이다. 그리고 기획, 편집에 도움을 준 쇼가쿠칸[小学館]의 미쓰이 나오야[三井直也] 씨에게도 깊은 감사를 드린다.

2015년 가을

노가미 다다오키

아베 신조 연보

1954년 9월	21일 《마이니치신문》 기자인 신타로와 기시의 장녀인 요코 사이의 차남으로 태어남
1957년 2월	2살 반 때 기시 노부스케가 총리대신에 취임, 부친 신타로는 비서관으로 전직
1958년 5월	신타로가 총선거에 출마해 첫 당선. 양친은 선거로 인해 집을 비우는 일이 많아짐
1959년 4월	1일 친동생 노부오 출생. 생후 곧바로 기시가에 양자로 보내짐
1961년 4월	세이케이초등학교 입학
1967년 4월	세이케이중학교 진학
1970년 4월	세이케이고등학교 진학. 윤리사회 교사와 안보조약 논쟁
1973년 4월	세이케이대학 법학부 정치학과 진학. 양궁부에 들어감
1977년 3월	세이케이대학 법학부 정치학과 졸업. 미국 유학. 헤이워드어학교 입학
1977년 9월	서던캘리포니아대학 청강생이 됨
1979년 5월	미국 유학을 중도 포기하고 귀국
1979년 5월	주식회사 고베제강소 입사. 촉탁사원으로서 뉴욕 사무소에 배속
1980년 4월	고베제강소 가코가와 제철소에 배속
8월	건강 악화로 입원
1981년 2월	도쿄 본사 수출부로 이동

1982년 11월	신타로의 외무대신 취임과 함께 고베제강소 퇴직. 비서관으로 취임
1987년 6월	모리나가제과 사장의 딸 아키에와 결혼
8월	기시 노부스케 서거
1991년 5월	아베 신타로 서거
1993년 7월	제40회 중의원 선거에서 구 야마구치 1구에서 첫 당선
1999년	자민당 사회부회장으로 개호보험제도 도입에 착수
2000년 7월	제2차 모리 내각의 관방부장관으로 취임
2001년 4월	고이즈미 내각 발족. 관방부장관에 재임
2002년 9월	고이즈미 방북(1차)에 동행. 북한에 대한 강경 자세로 인기를 얻음
2003년 9월	자민당 간사장 취임
2004년 9월	같은 해 7월의 참의원 선거 패배의 책임을 지고 간사장 사임. 간사장 대리에 취임
2005년 10월	제3차 고이즈미 내각의 관방장관에 취임
2006년 9월	자민당 총재에 선출되어 제90대 총리에 취임
2007년 9월	돌연 사임을 표명
2012년 9월	자민당 총재 경선에 출마해 결선 투표를 통해 총재로 귀환
12월	총선거에서 자민당이 대승하며 총리에 취임
2013년 사건	헌법 96조 선행 개정을 단념. 특정기밀보호법 강행 표결로 성립
2014년 사건	소비세율 8퍼센트로 인상. 집단적 자위권 행사 용인을 각의 결정. 국회 해산, 총선거
2015년 사건	미국 의회에서 연설. 안보법안이 참의원에서의 강행 표결로 성립. 총재 경선에서 무투표로 재선

아베 신조, 침묵의 가면

초판 1쇄 2016년 3월 30일

지은이 | 노가미 다다오키
옮긴이 | 김경철
펴낸이 | 송영석

편집장 | 이진숙 · 이혜진
기획편집 | 박신애 · 박은영 · 정다움 · 정다경 · 김단비
디자인 | 박윤정 · 김현철
마케팅 | 이종우 · 허성권 · 김유종 · 한승민
관리 | 송우석 · 황규성 · 전지연 · 황지현

펴낸곳 | (株)해냄출판사
등록번호 | 제10-229호
등록일자 | 1988년 5월 11일(설립일자 | 1983년 6월 24일)

04042 서울시 마포구 잔다리로 30 해냄빌딩 5 · 6층
대표전화 | 326-1600 **팩스** | 326-1624
홈페이지 | www.hainaim.com

ISBN 978-89-6574-546-4

파본은 본사나 구입하신 서점에서 교환하여 드립니다.

이 도서의 국립중앙도서관 출판예정도서목록(CIP)은 서지정보유통지원시스템 홈페이지(http://seoji.nl.go.kr)와 국가자료공동목록시스템(http://www.nl.go.kr/kolisnet)에서 이용하실 수 있습니다.(CIP제어번호:CIP2016006175)